俄 国 史 译 丛 · 经 济

Серия переводов книг по истории России

Россия

Россия в системе европейского рынка. Конец XIX—начало XX в. (опыт количественного анализа)

19世纪末20世纪初
欧洲市场体系中的俄国

数量分析的经验

[俄]特·弗·伊兹麦斯捷耶娃/著
Т.Ф. Изместьева

张广翔/译

社会科学文献出版社
SOCIAL SCIENCES ACADEMIC PRESS (CHINA)

Россия в системе европейского рынка. Конец XIX—начало XX в.

(опыт количественного анализа)

Изд—во МГУ

Изместьева Т.Ф., 1991.

本书根据莫斯科大学出版社 1991 年版译出

俄国史译丛编委会

主　　编　张广翔
副主编　卡尔波夫（С. П. Карпов）　钟建平　许金秋
委　　员　杜奇科夫（И. И. Тучков）　鲍罗德金（Л. И. Бородкин）
　　　　　姚　海　黄立茀　鲍里索夫（Н. С. Борисов）　张盛发
　　　　　戈里科夫（А. Г. Голиков）　科兹罗娃（Н. В. Козлова）
　　　　　刘玉宝　戴桂菊

著者简介

特·弗·伊兹麦斯捷耶娃（Т. Ф. Изместьева） 历史学副博士，莫斯科大学历史系教授，全俄历史与计算机学会理事。毕业于莫斯科大学历史系，自1969年起在该系任教至今。学术方向为俄国经济史、计量方法和信息学。学术著作超过70部，主要有《19世纪末20世纪初欧洲市场体系中的俄国》（1991年）、《史学研究中的计量方法》（1993年）、《历史信息学》（1996年）和《史学家必读的计算机统计分析》（1999年）。

译者简介

张广翔 史学博士,吉林大学东北亚研究院教授,吉林大学匡亚明特聘教授,博士生导师。2000年获国务院政府特殊津贴,3次被评为长春市有突出贡献专家,2次被评为吉林省中青年拔尖人才,3次获吉林省社科优秀成果奖一等奖。主持国家社科基金重大项目1项、一般项目2项,教育部及省级项目5项。在《历史研究》《世界历史》《史学理论研究》《史学月刊》等CSSCI期刊上发表169篇论文和56篇译文。5次赴俄进修,其中3次赴莫斯科大学历史系进修。

总　序

我们之所以组织翻译这套"俄国史译丛",一是由于我们长期从事俄国史研究,深感国内俄国史方面的研究严重滞后,远远满足不了国内学界的需要,而且国内学者翻译俄罗斯史学家的相关著述过少,不利于我们了解、吸纳和借鉴俄罗斯学者有代表性的成果。有选择地翻译数十册俄国史方面的著作,既是我们深入学习和理解俄国史的过程,还是鞭策我们不断进取的过程,培养人才和锻炼队伍的过程,也是为国内俄国史研究添砖加瓦的过程。

二是由于吉林大学俄国史研究团队(以下简称我们团队)与俄罗斯史学家的交往十分密切,团队成员都有赴俄进修或攻读学位的机会,每年都有多人次赴俄参加学术会议,每年请2～3位俄罗斯史学家来校讲学。我们与莫斯科大学历史系、俄罗斯科学院俄国史研究所、世界史所、俄罗斯科学院圣彼得堡历史所、俄罗斯科学院乌拉尔分院历史与考古所等单位学术联系频繁,有能力、有机会与俄学者交流译书之事,能最大限度地得到俄同行的理解和支持。以前我们翻译鲍里斯·尼古拉耶维奇·米罗诺夫的著作时就得到了其真诚帮助,此次又得到了莫大历史系的大力支持,而这是我们顺利无偿取得系列书的外文版权的重要条件。舍此,"俄国史译丛"

工作无从谈起。

三是由于我们团队得到了吉林大学校长李元元、党委书记杨振斌、学校职能部门和东北亚研究院的鼎力支持和帮助。2015年5月5日李元元校长访问莫大期间,与莫大校长萨多夫尼奇(В. А. Садовничий)院士,俄罗斯科学院院士、莫大历史系主任卡尔波夫教授,莫大历史系副主任鲍罗德金教授等就加强两校学术合作与交流达成重要共识,李元元校长明确表示吉林大学将大力扶植俄国史研究,为我方翻译莫大学者的著作提供充足的经费支持。萨多夫尼奇校长非常欣赏吉林大学的举措,责成莫大历史系全力配合我方的相关工作。吉林大学主管文科科研的副校长吴振武教授,社科处霍志刚处长非常重视我们团队与莫大历史系的合作,2015年尽管经费很紧张,还是为我们提供了一定的科研经费。2016年又为我们提供了一定经费。这一经费支持将持续若干年。

我们团队所在的东北亚研究院建院伊始,就尽一切可能扶持我们团队的发展。现任院长于潇教授上任以来3年时间里,一直关怀、鼓励和帮助我们团队,一直鼓励我们不仅立足国内,而且要不断与俄罗斯同行开展各种合作与交流,不断扩大我们团队在国内外的影响。在2015年我们团队与莫大历史系新一轮合作中,于潇院长积极帮助我们协调校内有关职能部门,与我们一起起草吉林大学东北亚研究院与莫斯科大学历史系合作方案(2015~2020年),获得了学校的支持。2015年11月16日,于潇院长与来访的莫大历史系主任卡尔波夫院士签署了《吉林大学东北亚研究院与莫斯科大学历史系合作方案(2015~2020年)》,两校学术合作与交流进入了新阶段,其中,我们团队拟4年内翻译莫大学者30种左右学术著作的工作正式启动。学校职能部门和东北亚研究院的大力支持是我们团队翻译出版"俄国史译丛"的根本保障。于潇院长为我们团队补充人员和提供一定的经费使我们更有信心完成上述任务。

2016年7月5日，吉林大学党委书记杨振斌教授率团参加在莫斯科大学举办的中俄大学校长峰会，于潇院长和张广翔等随团参加，会议期间，杨振斌书记与莫大校长萨多夫尼奇院士签署了吉林大学与莫大共建历史学中心的协议。会后莫大历史系学术委员会主任卡尔波夫院士，莫大历史系主任杜奇科夫（И. И. Тучков）教授（2015年11月底任莫大历史系主任），莫大历史系副主任鲍罗德金教授陪同杨振斌书记一行拜访了莫大校长萨多夫尼奇院士，双方围绕共建历史学中心进行了深入的探讨，有力地助推了我们团队翻译莫大历史系学者学术著作一事。

四是由于我们团队同莫大历史系长期的学术联系。我们团队与莫大历史系交往渊源很深，李春隆教授、崔志宏副教授于莫大历史系攻读了副博士学位，张广翔教授、雷丽平教授和杨翠红教授在莫大历史系进修，其中张广翔教授三度在该系进修。与该系鲍维金教授、费多罗夫教授、卡尔波夫院士、米洛夫院士、库库什金院士、鲍罗德金教授、谢伦斯卡雅教授、伊兹梅斯杰耶娃教授、戈里科夫教授、科什曼教授等结下了深厚的友谊。莫大历史系为我们团队的成长倾注了大量的心血。卡尔波夫院士、米洛夫院士、鲍罗德金教授、谢伦斯卡雅教授、伊兹梅斯杰耶娃教授、科什曼教授和戈尔斯科娃副教授前来我校讲授俄国史专题，开拓了我们团队及俄国史方向硕士生和博士生的视野。卡尔波夫院士、米洛夫院士和鲍罗德金教授被我校聘为名誉教授，他们经常为我们团队的发展献计献策。莫大历史系的学者还经常向我们馈赠俄国史方面的著作。正是由于双方有这样的合作基础，在选择翻译的书目方面，很容易沟通。尤其是双方商定拟翻译的 30 种左右的莫大历史系学者著作，需要无偿转让版权，在这方面，莫大历史系从系主任到所涉及的作者，克服一切困难帮助我们解决关键问题。

五是由于我们团队有一支年富力强的队伍，既懂俄语，又有俄国史方面的基础，进取心强，甘于坐冷板凳。学校层面和学院层面一直重视俄国史研究团队的建设，一直注意及时吸纳新生力量，使我们团队人员年龄结构合理，后备有人，有效避免了俄国史研究队伍青黄不接、后继无人的问题。我们在培养后备人才方面颇有心得，严格要求俄国史方向硕士生和博士生，以阅读和翻译俄国史专业书籍为必修课，硕士学位论文和博士学位论文必须以使用俄文文献为主，研究生从一入学就加强这方面的训练，效果很好：培养了一批俄语非常好，专业基础扎实，后劲足，崭露头角的好苗子。我们在组织力量翻译米罗诺夫所著的《俄国社会史》《帝俄时代生活史》方面，以及在中文刊物上发表的 70 多篇俄罗斯学者论文的译文，都为我们承担"俄国史译丛"的翻译工作积累了宝贵的经验，锻炼了队伍。

译者队伍长期共事，彼此熟悉，容易合作，便于商量和沟通。我们深知高质量地翻译这些著作绝非易事，需要认真再认真，反复斟酌，不得有半点的马虎和粗心大意。我们翻译的这些俄国史著作，既有俄国经济史、社会史、城市史、政治史，还有文化史和史学理论，以专题研究为主，覆盖的问题方方面面，有很多我们不懂的问题，需要潜心翻译。我们的翻译团队将定期碰头，利用群体的智慧解决共同面对的问题，单个人所无法解决的问题，以及人名、地名、术语统一的问题。更为重要的是，译者将分别与相关作者直接联系，经常就各自遇到的问题用电子邮件向作者请教，我们还将根据翻译进度，有计划地邀请部分作者来我校共商译书过程中遇到的各种问题，尽可能地减少遗憾。

我们翻译的"俄国史译丛"能够顺利进行，离不开吉林大学校领导、社科处和国际合作与交流处、东北亚研究院领导的坚定支持和可靠后援；莫大历史系上下共襄此举，化解了很多合作路上的难题，将此举视为我们共同的事业；社会科学文献出版社的恽薇、高雁等相关人员将此举视为我们共同的任务，尽可能地替我们着想，我们之间的合作将更为愉快、更有成效。我们唯有竭尽全力将"俄国史译丛"视为学术生命，像爱护眼睛一样呵护它、珍惜它，这项工作才有可能做好，才无愧于各方的信任和期待，才能为中国的俄国史研究的进步添砖加瓦。

上述所言与诸位译者共勉。

吉林大学东北亚研究院

张广翔

2016 年 7 月 22 日

目　录

导　言 …………………………………………………………… 001

第一章　史学史、史料及其整理方法 ………………………… 006
　第一节　文献综述 …………………………………………… 006
　第二节　史料特点 …………………………………………… 018
　第三节　统计资料分析方法 ………………………………… 026

第二章　俄国的粮食出口 ……………………………………… 040
　第一节　19世纪末20世纪初俄国粮食出口结构的变化 …… 040
　第二节　小麦出口 …………………………………………… 060
　第三节　黑麦出口 …………………………………………… 081
　第四节　大麦与玉米出口 …………………………………… 094
　第五节　燕麦出口 …………………………………………… 109

第三章　俄国某些商品的出口与进口 ………………………… 118
　第一节　俄国的煤油出口 …………………………………… 118

第二节　俄国进口的煤炭 …………………………………… 137

第三节　俄国某些食品的出口 ……………………………… 150

结　语 ………………………………………………………… 155

附　录 ………………………………………………………… 158

导　言

随着资本主义在世界范围内的发展，国际劳动分工日趋细化。资本主义的深度和广度发展过程与国家间贸易关系扩大、加深的过程是相伴而生的，可以说，"没有对外贸易，资本主义生产就不复存在"①，可见国外市场是资本主义经济的重要组成部分。

只有综合考察包括国外市场在内的一系列问题，才能全面研究俄国资本主义的发展过程。国外市场是19世纪末20世纪初俄国经济发展不可或缺的环节，然而苏联时期的学术著作对此却鲜有提及。与外贸相关的俄国经济发展问题至关重要，而对外贸的研究却相当薄弱，这种矛盾促使我们格外重视这种迫在眉睫的课题。

19世纪末20世纪初，世界市场的特点在一定程度上影响着国家间的经济联系。"老牌资本主义拥有自由竞争的优势，其典型表现为商品输出；新型资本主义拥有垄断的优势，其典型表现为资本输出。"② 自19世纪70年代起，资本输出成为十分普遍的现象，所有资本主义发达

---

① Маркс К., Энгельс Ф. Соч. 2-е изд. Т. 24. М.: Издательство политической литературы, 1975 – 1981. г. г. С. 534.
② Ленин В. И. Полн. собр. соч. Т. 27. М: Политиздат, 1962. С. 359.

国家均参与了这个过程。在这种情况下,虽然商品输出仍在持续并继续发展,但是输出的商品种类在一定程度上受制于迅速推广的资本输出。

不同国家发展的差异使其在国际市场上的地位各异。包括俄国在内的一些工业起步较晚的国家,在国际市场上具有特殊地位。这些国家通过设置关税壁垒来保护本国脆弱的工业,然而此举限制了国家间的商品交换。

19世纪90年代,受国家保护主义政策的干扰,国际市场不再是自由竞争的市场,与此同时,由于资本与生产的集中,出现了垄断组织。В. И. 列宁在其著名的《帝国主义论》一书中提出,"帝国主义是资本主义的最高阶段"。对此他断言道:"竞争向垄断的过渡即使不是新型资本主义经济中最重要的现象,也是最重要的现象之一。"①

垄断组织的出现改变了资本主义经济规律对资本家的影响:相对于众多中小资本家而言,垄断资本家拥有更多的经济特权,因此垄断排斥自由竞争。19世纪末20世纪初,垄断组织从某些国家溢出并向各国蔓延。

英国、荷兰、法国等国家因与其殖民地之间的贸易而繁荣,但是俄国的情况则截然相反。因俄国与其殖民地领土相连,构成了共同的海关边界②,因此俄国外贸规模缩小③。

---

① Ленин В. И. Полн. собр. соч Т. 27. М:Политиздат,1962. C. 312.
② 芬兰是个例外。1807年俄法签订《提尔西特和约》后,俄国利用拿破仑给予的行动自由的第一个成果就是占领芬兰,1809年迫使瑞典将其属地芬兰割让给俄国。自此芬兰成为俄国的一部分,但到1917年之前俄国将其纳入海关边界的问题屡次被提及,不过最终没有得到解决。1917年芬兰独立(译者注)。
③ 其中包括:英国对其殖民地的出口额超过其出口总额的1/3(详见:Вестник финансов, промышленности и торговли. № 22. Пг.:министерства финансов царской России,1909. C. 404)。

导　言

除影响国际市场的共同因素外，一国外贸水平亦取决于其自身的经济发展水平和经济结构特点。因此，分析俄国外贸时，既要考虑所研究时期的国际贸易特点，又要注重俄国历史的发展特征。

19世纪末20世纪初，世界贸易发展迅速。1890～1910年，世界贸易总额增长了1倍①。各国对世界贸易总额的贡献量并不稳定，不过就本质而言，这种变化并不影响世界市场主要成员的排序。相对而言，俄国在世界贸易中位列第八，仅次于英国、德国、美国、法国、荷兰、比利时和奥匈帝国②。

同1890年相比，1913年俄国对外贸易总额增长了1.6倍，其中进口额大幅增加（增长了2.4倍），这间接证明了俄国国内市场规模的扩大。涨幅最小的为出口额（仅增长了1.2倍）。不过1899年和1914年（第一次世界大战爆发初期）情况有变，俄国的进口额超过了出口额（见附表1）。

粮食出口是贸易顺差（出口超过进口）和闲置资金形成的主要杠杆之一，同时确保了沙俄获得其赖以存在的债务收入。木材出口对俄国同样至关重要，19世纪末煤油出口增加，食糖在出口中也占有较大份额。

俄国的进口商品中机械、金属及金属制品的比重最大，而原棉、茶和煤炭的进口数量也相当可观。

本书研究俄国对外贸易，以一些商品为分析对象，一方面，需

---

① См：. Довнар-Запольский М. В. Русский вывоз и мировой рынок. Киев.：Тип. И. И. Человека, 1914. С. 2.

② 统计例证参见：Довнар-Запольский М. В. Русский вывоз и мировой рынок. Киев.：Тип. И. И. Человека, 1914. С. 26 - 27；Ден В. Э. Положение России в мировом хозяйстве. Пг.：Р. В. Ц., 1922. С. 29。

选取俄国进出口中最重要的商品;另一方面,应有相关史料做支撑。我们将集中关注俄国的粮食和石油贸易。

俄国与欧洲和亚洲国家均有贸易关系,其中与欧洲国家的贸易额占俄国外贸总额的大部分,尤其是俄国主要向欧洲国家出口(见附表2)。

根据俄国与主要国家进出口额的比例分析,俄国的主要贸易伙伴不多。俄国约80%的出口量集中于8个欧洲国家,其中对英国和德国的出口量占总出口量的一半(见附表3)。俄国进口量的一半以上来自4个欧洲国家——德国、英国、法国和奥匈帝国(见附表4)。

与欧洲国家的贸易关系是俄国对外贸易的主要方向。由此可见,分析俄国参与的国际市场将限于欧洲市场范围内。

在俄国对外贸易的研究中,最重要的问题莫过于俄国在欧洲市场体系中的地位问题。本书的研究目标是揭示俄国卷入国际商品贸易的程度,判断俄国在欧洲市场中的地位。

熟悉俄国外贸的学术研究状况后,不难看出已有的研究成果并不尽如人意。唯有研究商品的构成、范围和流动,才会认识到俄国外贸关系的地理分布、俄国供应其他国家商品的份额、俄国在世界市场上的商品消费量等。暂且不论这种研究倾向,对综合分析俄国经济发展而言,作为资本主义生产方式规律性具体表现的市场问题至关重要。正因如此,早就有俄国学者涉猎俄国国内农业市场问题①。本书则沿着同样的思路将俄国国外市场作为研究对象。

---

① *Ковальченко И. Д.*,*Милое Л. В.* Всероссийский аграрный рынок. XVIII — начало XX века. Опыт количественного анализа. М.:Наука,1974.

19世纪末20世纪初，俄国国外市场是资本主义生产方式规律性的具体体现，对其研究需要考虑此时期世界市场的特点与国家历史发展的特征。鉴于此，我们可以判断俄国介入欧洲市场及国际贸易的程度。商品流分析是研究俄国与欧洲国家关系的辅助手段。因此，应从历时性、共时性角度分析俄国市场及其变化。不过筛选所需史料工作，以及这种研究所使用的方法都不轻松。

国外市场是世界资本主义经济不可分割的一部分，根据俄国在世界市场上相对状态的结论，可以分析19世纪末20世纪初俄国在世界资本主义体系中的国家地位问题，这将有助于判断十月革命的前提条件。

第一章
史学史、史料及其整理方法

第一节 文献综述

无论是十月革命前还是苏联时期的史学和经济学著作，都很少直接言及 19 世纪末 20 世纪初的俄国外贸①，其中分析欧洲市场、俄国与西欧国家贸易关系的文献更是凤毛麟角。不过有相当多的著作在不同程度上涉及该问题。

十月革命前专门研究世界市场和俄国外贸方面的宏观著作不多。这些著作在某种程度上是概括性的，以评论的性质

---

① *Покровский В. И.* Очерк истории внешней торговли России// Сборник сведений по истории и статистике внешней торговли России. СПб. : Деп. таможенных сборов (типо-лит. М. П. Фроловой) , 1902; *Гулишамбаров С. О.* Всемирная торговля в XIX в. и участие в ней России. СПб. : тип. В. Киршбаума, 1898; *Кечеджи-Шаповалов М. В.* Мировая торговля и участие в ней России. СПб. : Улей, 1911; *Денисов В. И.* Современное положение русской торговли. СПб. : Типо-лит. Ю. Я. Римана, 1913; *Довнар-Запольский М. В.* Русский вывоз и мировой рынок. Киев. : Тип. И. И. Человека, 1914.

为主。

不过，涉及俄国某种商品对外贸易的著作明显多些。当时人主要关注外贸中的实际问题。鉴于窘迫的国家财政状况，俄国的贸易政策倾向于运用一切手段实现外贸周转中的贸易顺差，而粮食出口对俄国实现该过程的作用不可替代，因此成为众多学者的研究对象。除定期在期刊上发表的众多论文，还出版了若干小册子和专著①，当时的粮食贸易行家 С. С. 别赫捷列夫、国家杜马委员 М. Д. 切雷绍夫、经济学家 П. И. 梁申科，以及担忧俄国粮食出口前景的其他专家，在其著作中分析了国际粮食贸易的条件，介绍了主要的粮食市场，详细研究了国际市场上粮价的变化等问题。许多学者还论及俄国粮食出口组织的缺陷。大部分著作征引了可信的统计资料，用以说明不同时期俄国在世界市场上的粮食出口状况。

---

① *Касперов В. И.* Цены на пшеницу на современном международном рынке. СПб.: тип. В. Киршбаума, 1895; *Лященко П. И.* Мукомольная промышленность России и иностранные потребительные рынки. СПб.: тип. Ред. пер. изд. М-ва фин., 1910; *Бехтеев С. С.* Хозяйственные итоги истекшего сорокапятилетия. СПб.: тип. т-ва М. О. Вольф, 1911. Т. 3; *Челышов М. Д.* Положение России на мировом хлебном рынке и об упорядочении нашей торговли хлебом за границей. СПб.: тип. Алекс.-Нев. о-ва трезвости, 1911; *Крюков Н. А.* Внешняя торговля России продуктами сельского хозяйства за десятилетие 1901 – 1910 гг. Пб.: тип. В. Ф. Киршбаума, 1912; *Брошниовский А. К.* Условия сбыта русских хлебов за границу при действующем в некоторых государствах Западной Европы высоком таможенном обложении привозного зерна. Пг.: тип. В. Ф. Киршбаума, 1914; *Бензин В. М.* Хлебный экспорт России. Пг.: тип. В. Ф. Киршбаума (отд-ние), 1915.

涉及其他商品进口特别是出口的出版物①中包含大量史实资料。上述资料试图评估俄国在世界市场上的地位，分析俄国与其缔约国处理外贸问题的潜在能力。同时，还围绕诸如国家经济生活中辛迪加和国家垄断组织的作用、外资对工商业的影响等重要问题来了解对外贸易和整个国民经济。

当时人广泛讨论了俄国同其他国家的外贸关系问题②。由于当时急需重修贸易协定③，因此对上述问题的研究十分活跃。这些著

---

① *Радциг А. А.* Каменноугольная промышленность всего света. Добыча, потребление, цены. СПб.: тип. бр. Пантелеевых, 1898; *Радциг А. А.* Сахарная промышленность всего света. Производство, потребление, цены. СПб.: тип. А. А. Пороховщикова, 1899; *Оль П. В.* Русская нефть и ее государственное значение. СПб.: ред. журн. "Море", 1905; *Кадер С. А.* Нефть и ее дериваты, как товар и предмет обложения налогом. Обзор финансово-экономической политики в нефтяном деле. Очерк I. Могилев/н/Днепре, типо-лит. Я. Н. Подземского, 1907; *Ден В. Э.* Каменноугольная и железоделательная промышленность. СПб.: типолитогр. Р. С. Вольпина, 1912; *Асенков С. Б.* Сахар и его экспорт из России. СПб.: Издание ред. журнала《Русский экспорт》, 1914; *Даниель-бек П. А.* Русский нефтяной экспорт и мировой рынок в период с 1904 по 1911 г. Экономический этюд. Пг.: Петрогр. политехн. ин-т имп. Петра Великого, 1916.

② *Шавров Н. Н.* Внешняя торговля Персии и участие в ней России. СПб.: Журн. "Рус. экспорт", 1913; *Шор А. С.* Товарообмен между Россией и Германией за последние 20 лет. СПб.: Издательство Русской экспертной палаты, Типография《Север》, 1914; *Довнар-Запольский М. В.* Задачи экономического возрождения России. (Русско-германский товарообмен и бельгийская промышленность). Киев.: Типография И. И. Чоколова, 1915; *Костров Н. И.* Торговля России с Италией и наш вывоз сельскохозяйственных продуктов в эту страну. М.: Типография А. И. Мамонтова и К/ Товарищество типографии А. И. Мамонтов, 1915; и др.

③ *Касперов В. И.*, *Покровский В. И.* К вопросу о влиянии русско-германского торгового договора на наш торговый баланс. СПб.: тип. В. Киршбаума, 1897; *Гольдштейн И. М.* Русско-германский торговый договор и следует ли России быть "колонией" Германии. М.: Сомона, 1913;（转下页注）

第一章　史学史、史料及其整理方法

作以实用性为主，研究了进口俄国商品的那些国家的市场行情，分析了俄国同与其贸易往来国家的贸易协定和贸易政策。为评估俄国的外贸关系，缔约国的统计资料得以广泛利用，其中俄国与德国的贸易关系最受关注。

一些研究国际垄断和俄国垄断这种普遍现象的专著①也提及了国内外市场问题。这类专著试图评估辛迪加在工商业中的活动，从而确定垄断的影响范围。

19世纪末20世纪初，俄国与国际市场均出现较大的价格波动，由此诱发一系列经济和社会问题，为此很多著作②研究导致价

（接上页注③）Кропоткин А. А. Влияние торгового договора с Германией на наше сельское хозяйство. Казань. : Казан. губ. земство, 1913; Локоть Т. В. К русско-германскому торговому договору. Пг. : Тип. Александров, 1915; Лященко П. И. Зерновое хозяйство и хлеботорговые отношения России и Германии в связи с таможенным обложением. Пг. : тип. Ред. период. изд. М-ва фин. , 1915; Соболев М. Н. История русско-германского торгового договора. Пг. : тип. Ред. период. изд. М-вафин, 1915; и др.

① Рафалович А. Промышленные синдикаты за границей и в России. Их экономическое и социальное значение. СПб. : Тип. М. М. Стасюлевича. , 1904; Гольдштейн И. М. Синдикат "Продуголь" и кризис топлива. М. : т-во тип. А. И. Мамонтов, 1913; Гольдштейн И. М. Германские синдикаты и русский экспорт. М. : Товарищество типографии А. И. Мамонтова, 1914; Кадер С. А. Короли нефтяной промышленности и государственная монополия на нефть. Историко-экономический очерк. Пг. : Юрид. кн. маг. Н. К. Мартынова, 1916; и др.

② Касперов В. И. К вопросу о падении хлебных цен и перепроизводстве зерна. М. : Б. и. , 1896; Колб А. О. О направлении хлебных цен. Каменец-Подольск. : Тип. С. П. Киржацкого, 1903; Билимович А. Подъем товарных цен в России. Киев. : тип. Имп. ун-та св. Владимира АО печ. и изд. дела Н. Т. Корчак-Новицкого, 1909; Исаев А. А. Чем объяснить вздорожание жизни? Как бороться с ним? СПб. : Книжный （转下页注）

格涨跌的各种原因。这类著作也涉及对内对外贸易问题。

还有一些学者①研究了对外贸易组织方面的一些问题。

在结束十月革命前的文献综述之前，需要指出的是，此时期的著作多是应外贸实际需求而写的，大部分是急就章，因而不严谨。这些著作中的评论流于肤浅，并未触及俄国外贸失利的要害：对于俄国在世界市场与欧洲市场上失利的根源，学者们几乎众口一词地归结为俄国外贸组织存在缺陷。对于上述著作中的所有评价与建设性意见，我们不能全盘接受。例如，很多作者夸大了国家调整国家间经济机制关系的积极作用，他们认为国家有能力调节所有国内外贸易，是克服所有困难的灵丹妙药②。

综上所述，十月革命前的著作过于强调俄国外贸发展中的某些因素，然而却常常于事无补，甚至未能揭示外贸发展的客观经济前提，分析外贸问题未考虑到国内外所发生的变化。不过总体来看十

（接上页注②） магазин А. Ф. Цинзерлинга, 1912; *Брейтерман А. Д.* Дороговизна и внешний товарообмен. СПб.: тип. Ред. период. изд. М-ва фин., 1912; *Сытин П. В.* О вздорожании жизни в России в 1900 – 1909 гг. и его причинах. М.: Б. и., 1913; *Мукосеев В. А.* Повышение товарных цен. К изучению основных тенденций в развитии современного мирового хозяйства. СПб.: тип. Ред. период. изд. М-ва фин., 1914.

① *Кечеджи-Шаповалов М. В.* Учреждения, содействующие вывозной торговле. СПб.: т-во "Улей", 1913; *Былинкин Н. И.* Техника хлебного экспорта. СПб.: Ред. журн. Рус. экспорт, 1914; *Ермолаев А. В.* Об организации торговли и промышленности. М.: Т-во тип. А. И. Мамонтова, 1914; и др.

② *Оль П. В.* Русская нефть и ее государственное значение. СПб.: ред. журн. "Море", 1905; *Кадер С. А.* Нефть и ее деривативы, как товар и предмет обложения налогом. Обзор финансово-экономической политики в нефтяном деле. Очерк I. Могилев/н/Днепре.: типо-лит. Я. Н. Подземского, 1907; *Бобринский А. А.* К вопросу о значении сахарной нормировки. Киев.: тип. Р. К. Лубковского, 1908.

月革命前的著作积累了大量有价值的文字和统计资料，也提出了一些重要问题，为后续研究奠定了基础。其中，分析粮食出口、解释国外市场需求、考察国家间贸易关系方面的成果值得称道。

20世纪20年代，一些经济学家研究第一次世界大战前俄国外贸问题的专著相继问世①。В. Э. 杰恩、М. 科隆、И. 申克曼、Б. Е. 施泰因、А. Я. 康托罗维奇从探讨苏俄出口贸易的可能性角度研究了俄国的外贸问题。关于俄国外贸与国民经济的论文集学术价值较高，这些论文首次提出外贸与国家经济生活的关系问题，其中Н. П. 奥加诺夫斯基的相关研究充分分析了国外市场对国民经济结构变化的影响。

关于俄国经济发展的综合性著作②也在不同程度上涉及外贸问题，其中外贸被视为国家经济生活的重要组成部分。

1947年С. А. 波克罗夫斯基推出了专门讨论外贸问题的专著③，

---

① *Ден В. Э.* Положение России в мировом хозяйстве. Анализ русского экспорта до войны. Статистический очерк. Пг.: 25-я Гос тип. (1), 1922; *Когон М., Шенкман И.* Экспортные возможности России. Статистико-экономический очерк. М.: издание Н. К. В. Т., 1922; *Штейн Б. Е., Канторович А. Я.* Русский экспорт и внешние рынки (Торгово-политические условия русского экспорта). М.: Экономическая жизнь, 1923; Внешняя торговля и народное хозяйство России/ Под ред. *В. Г. Громана и М. Я. Кауфмана.* М.: Вся Россия, 1923; *Огановский Н. П.* Сельское хозяйство, индустрия и рынок в XX в. М.: Изд-во ВСНХ., 1924.

② *Лященко П. И.* История народного хозяйства СССР. М.: Госполитиздат, 1956. Т. 2; *Яковлев А. Ф.* Экономические кризисы в России. М.: Госполитиздат, 1955; *Хромов П. А.* Очерки эконоики России периода монополистического капитализма. М.: Высшая школа, 1960.

③ *Покровский С. А.* Внешняя торговля и внешняя торговая политика России. М.: Междунар. кн. (тип. № Д01), 1947.

该书以探讨俄国外贸与其总体政策的关系为主。

苏联学者在研究某些商品的进出口贸易时主要关注俄国的粮食出口。一些主要学者的成果如下。Н. Д. 康德拉季耶夫根据铁路运输的统计资料，试图确定第一次世界大战前俄国国内外粮食市场的相互关系①。П. И. 梁申科（以往译为梁士琴科是不确切的，特此说明）概括出俄国小麦主要消费者与俄国粮食贸易方面主要竞争者的特点，证明了粮食出口变动与国内粮食生产发展间存在关联，分析了粮价变动的原因②。由 А. Л. 魏因施泰因主编的论文集的诸位作者运用价格分析粮食市场，关注价格形成的条件、价格形成的诸要素以及粮价及其波动的空间范围③。В. И. 列辛运用运输统计资料，揭示了俄国某些地区参与国内外粮食贸易的方式，同时也研究了19世纪末沙皇政府的铁路税率政策④。В. И. 基塔妮娜以世界性粮食危机到第一次世界大战之间的俄国国内外粮食贸易组织为研究对象，尤其关注政府的农业政策，强调应从政府的阶级立场角度考察其经济政策⑤。

---

① *Кондратьев Н. Д.* Рынок хлебов и его регулирование во время войны и революции. М. : Новая деревня, 1922.

② *Лященко П. И.* Русское зерновое хозяйство в системе мирового хозяйства. М. : Изд. Ком. Академии, 1927.

③ Хлебные цены и хлебный рынок / Под ред. *А. Л. Вайнштейна*. М. : Фин. изд-во НКФ СССР. , 1925.

④ *Лесин В. И.* Развитие железнодорожного транспорта и хлебный экспорт России во второй половине XIX века. Дис. . . канд. ист. наук. Ростов н/Д. : Б. и. , 1971.

⑤ *Китанина Т. М.* Хлебная торговля России в 1875 – 1914 гг. Очерки правительственной политики. Л. : Наука, Ленингр. отд-ние. , 1978.

20世纪60~70年代，一些学位论文和文章相继刊行，这类著作反映了历史学家积极关注俄国某些地区所参与的粮食贸易问题①，其中最有分量的当数分析粮食出口对商品生产发展影响的那些著作②。

В. А. 扎洛托夫与其弟子 Э. Г. 阿拉韦尔多夫在其著作③中尽管以分析粮食出口和关注商品性农业发展为主，但是并未限于分析国外粮食市场，其他商品（煤炭、石油、糖、毛皮等）的进出口也纳入了其视野。俄国通过黑海和亚速海港口的进出口贸易是其研究

---

① *Бирон А. К.* Экспорт сельскохозяйственной продукции из Латвийских портов // Ежегодник по аграрной истории Восточной Европы（далее ЕАИВЕ），1964. Кишинев.：Картя Молдовеняскэ, 1966；*Пухальский И. Д.* Внешняя торговля зерном в Бессарабии в 1850 – 1902 гг.//ЕАИВЕ. 1964. Кишинев.：Картя Молдовеняскэ, 1966；*Кунцевич Ф. П.* Экспорт хлеба за границу и его влияние на развитие зернового хозяйства в Таврической губернии в конце XIXначале XX в. // ЕАИВЕ. 1968. Л.：Ежегодник по аграрной истории Восточной Европы，1972；*Ратушняк В. Н.* Товарное производство в сельском хозяйстве Кубанской области в конце XIXначале XX в. Дис. ... канд. ист. наук. М.：Наука, 1973.

② *Кунцевич Ф. П.* Экспорт хлеба за границу и его влияние на развитие зернового хозяйства в Таврической губернии в конце XIXначале XX в.// ЕАИВЕ. 1968. Л.：Ежегодник по аграрной истории Восточной Европы，1972；*Ратушняк В. Н.* . Товарное производство в сельском хозяйстве Кубанской области в конце XIXначале XX в. Дис. ... канд. ист. наук. М：Наука, 1973.

③ *Золотов В. А.* Хлебный экспорт России через порты Черного и Азовского морей в 60 – 90-е годы XIX в. Ростов н/Д.：Изд-во Рост. ун-та.，1966；*Он же.* Внешняя торговля России через порты Черного и Азовского морей в конце XVIII – XIX вв. Дис... докт. ист. наук. Ростов н/Д.：Изд-во Рост. ун-та.，1966；*Алавердов Э. Г.* Внешняя торговля России через порты Черного и Азовского морей в конце XIXначале XX в. – Дис. ... канд. ист. наук. Ростов н/Д.：б. и.，1975.

对象。其实，南部诸港口是俄国粮食出口的主要门户①，由此向国外输出大量的石油及石油制品（对俄国出口具有重要意义的商品），同时输入煤炭、棉花、金属和农业机械等其他商品。鉴于此，作者的结论对研究俄国整个外贸不无益处。

苏联时期的一些著作以分析加工工业产品的对外贸易为主②。此外，还有研究轻工业和加工工业产品外贸的一些著作。从20世纪50年代起，历史学家开始关注工业垄断化问题，相关著作纷纷出版③。这些著作涉及的问题相当广泛，其中包括垄断的产生与发展、垄断在国家经济生活中的作用，以及垄断如何影响国内外市场的状况。这些问题的分析结论有助于研究国家间的贸易关系，也有

---

① 自19世纪90年代起，经黑海—亚速海港口输出的粮食占粮食出口总量的 3/4（参见：*Золотов В. А.* Хлебный экспорт России через порты Черного и Азовского морей в 60 - 90-е годы XIX в. Ростов н/Д.: Изд-во Рост. ун-т., 1966. С. 96; *Алавердов Э. Г.* Внешняя торговля России через порты Черного и Азовского морей в конце XIX начале XX в. - Дис. ... канд. ист. наук. Ростов н/Д.: Рост. гос. ун-т., 1975. С. 84）。

② *Зак А. П.* Мировое снабжение углем. 1903 - 1919 гг. (К вопросу о современном мировом угольном кризисе). М.: Гос. изд-во. Уральское обл. Отд., 1921; *Годзишевский Э. А.* Русская нефть на мировом рынке. М.: Изд-во В. С. Н. Х., 1924.

③ *Гефтер М. Я.* Царизм и монополии в топливной промышленности России накануне первой мировой войны. Дис. ... канд. ист. наук. М.: б. и., 1953; *Волобуев П. В.* Монополии и топливный голод в России в 1911 - 1914 гг. (К вопросу о загнивании монополистического капитализма в России). Дис. ... канд. ист. наук. М.: б. и., 1953; *Ахундов Б. Ю.* Монополистический капитал в дореволюционной бакинской нефтяной промышленности. М.: Соцэкгиз, 1959; *Фурсенко А. А.*, *Шепелев Л. Е.* Нефтяные монополии России и их участие в борьбе за раздел мирового рынка в 90-х годах XIX в. //Материалы по истории СССР. М.: Наука, 1959. Т. 6; *Фурсенко А. А.* Нефтяные тресты и мировая политика. 1880-е годы - 1918 г. М. Л.: Наука, 1965.

助于分析俄国在国际市场中的地位问题。

外国资本向俄国工商业的投资问题与垄断化问题息息相关。这方面的学者也常常关注外贸问题①。

苏联学者的一些著作阐释了俄国同一些国家的贸易关系。如上文所述,十月革命前的学术著作关注的焦点在于俄国与西欧国家的商业关系,而苏联时期的学者则将俄国与亚洲②、芬兰③以及美洲

---

① *Эвентов Л. Я.* Иностранный капитал в нефтяной промышленности России (1874 – 1917). М. Л.: Плановое хозяйство, 1925; *Гефтер М. Я.* Из истории проникновения американского капитала в царскую Россию до первой мировой войны//Исторические записки, М.: Госполитиздат, 1950. Т. 35; *Ахундов Б. И.* К вопросу об иностранном капитале в дореволюционной бакинской нефтяной промышленности//Изв. АН АзССР. М. Л.: Изд-во АН СССР., 1953. № 4; *Минеева Н. И.* Влияние иностранного капитала на развитие нефтяной промышленности дореволюционной России //Науч. зап. Моск. финансового ин-та. М.: Госфиниздат, 1957. Вып. 8; *Гефтер М. Я.*, *Соловьева А. М.*, *Шепелев Л. Е.* О проникновении английского капитала в нефтяную промышленность России (1898 – 1902 гг.) //Исторический архив. 1960. № 6; и др.

② *Бабаходжаев М. А.* Русско-афганские торгово-экономические отношения во второй половине XVIII – начале XX в.: Ташкент.: Наука, 1965; *Соколов А. Я.* Торговая политика России в Средней Азии и развитие русско-афганских торговых отношений.: Ташкент.: Фан., 1971; *Сладковский М. И.* История торгово-экономических отношений народов России с Китаем (до 1917 г.). М.: Наука, 1974; *Абдуллаев Ю. Н.* Астрабад и русско-иранские отношения (Вторая половина XIX – начало XX в.). Ташкент.: Фан., 1975.

③ *Бобович И. М.* Русско-финляндские экономические отношения накануне Великой Октябрьской социалистической революции. (Эпоха империализма). Л.: Ленинградского университета, 1968; Корнилов Г. Д. Русско-финляндские таможенные отношения в конце XIXначале XX в. Л., 1971.

间的商业关系作为研究对象①。将美国作为俄国主要竞争对手的问题（В. В. 列别杰夫、А. А. 富尔先科）、俄国在其边境地区的商业政策（И. М. 波罗维奇、Г. Д. 科尔尼洛夫、А. Я. 索科洛夫）问题等也进入学者的视野。

应该指出的是，一些著作在研究俄国外贸中的某些问题时运用了计量方法②。

可见，苏联时期的学者在吸收和扬弃十月革命前作者的相关成果的基础上，同时考证、辨伪和甄别补充性史料，围绕19世纪末20世纪初俄国外贸问题的研究贡献颇大。一方面，外贸研究进一步细化（如一些地区与俄国对外贸易额问题、俄国与其他国家的经济关系问题、俄国与相对较小国家间的商品交易问题）；另一方面，提出了总的和方法论的重要问题（外贸与一般政策的关系、国家商业政策受一些派别和阶级利益的制约性、外贸与国家经济发展间的相互关系）。但是，随着问题研究范围的扩大，研究对象范围逐渐缩小：苏联时期缺乏分析俄国工业品进出口贸易的著作，也

---

① *Фурсенко А. А.* Из истории русско-американских отношений на рубеже XIX-XX вв. //Из истории империализма в России. М. ; Л. : Изд-во Акад. наук СССР. , 1959. Вып. I; *Лебедев В. В.* Русско-американские экономические отношения（1900 - 1917 гг. ）. М. : Междунар. Отношения, 1964; *Королев Н. В.* Страны Южной Америки и Россия（1890 - 1917 гг. ）. Кишинев. : Штиинца, 1972.

② *Опарин Д. И.* Схематический анализ развития внешней торговли России за 175 лет（1742 - 1917）//Методологические вопросы в статистических исследованиях. М. : Наука, 1968; *Ратушняк В. Н.* Товарное производство в сельском хозяйстве Кубанской области в конце XIX-начале XX в. Дис. . . . канд. ист. наук. М. : Наука, 1973. ; *Миронов Б. Н.* Факторы динамики хлебных цен в Европейской России в 1801 - 1914 гг. и количественная оценка их влияния //Математические методы в исследованиях по социально-экономической истории. М. : Наука, 1975.

没有研究俄国与西欧国家外贸关系的著作。

在熟知十月革命前和苏联时期相关成果后，我们不难判定，19世纪末20世纪初俄国外贸问题的研究仍不尽如人意。不过也有一些研究成果：粮食贸易研究取得的成绩最大，俄国与一些国家（主要是非欧洲国家）外贸关系的分析也有一定进展。

无论是当时人还是苏联学者，研究俄国国外市场均以各个时期商品的构成、规模和流动为依据。这种方法无疑是合理的，它能让我们厘清一些相关问题，如俄国外贸关系的地区分布范围、国家间商品交易的变化、俄国商品供应其他国家的份额，但未能囊括国外市场（国家经济生活的重要组成部分）的方方面面。国际市场发展到何种程度？俄国在国际市场上所处的地位如何？这些问题仍然悬而未决或者仅仅间接涉及。只有解决这些问题，才能对作为国家间经济相互作用的一环，作为俄国经济生活中重要因素的外贸评头论足，才能对国家的贸易与经济政策做出判断。除此之外，解决这些问题时才能将注意力转向更重大的问题之一——第一次世界大战前俄国在世界资本主义体系中的地位，继而可以在揭示伟大的十月革命的先决条件上迈出重要一步。

И. Д. 科瓦里钦科与 Л. В. 米洛夫[①]运用新方法研究市场，他们将18世纪至20世纪初俄国统一农业市场的形成过程视为研究目标，将分析市场价格作为切入点，因为市场价格是"客观经济规律影响交换、生产和调节二者的杠杆与手段"[②]。作者在整理与分

---

① *Ковальченко И. Д.*, Милов Л. В. Всероссийский аграрный рынок. XVIII - начало XX в. Опыт количественного анализа. М.: Наука, 1974. С. 41.

② *Ковальченко И. Д.*, Милов Л. В. Всероссийский аграрный рынок. XVIII - начало XX в. Опыт количественного анализа. М.: Наука, 1974. С. 41.

析大量统计资料的基础上,重新建构了全俄农业市场的形成过程,指出研究欧洲与洲际市场的形成过程以及俄国参与这些市场的程度既是必要的,也是可能的①。И. Д. 科瓦里钦科与 Л. В. 米洛夫将19世纪末20世纪初俄国的国外市场视为资本主义生产方式(在对价格统计资料进行专业整理的基础上)规律的体现,由此可以确认俄国在国际市场上的地位。

何种因素影响了俄国的国外市场?这些因素的影响程度有多深?这些次要问题在上述著作中也语焉不详。我们唯有引入必要的史料,使用专业方法解读史料,才能解决这类问题。

由此可见,19世纪末20世纪初俄国在欧洲市场体系中的地位问题是俄国外贸中未被深入研究的问题之一。十月革命前与苏联时期的相关研究为研究这一问题奠定了基础。在诸多前人研究的基础上,我们有可能深入研究该问题。

第二节　史料特点

外贸统计资料提供了关于外贸关系的地理分布范围、国家间商品交换的频繁程度和变化、国家外贸政策某些方面的信息。从19世纪初开始,俄国外贸成为官方定期统计的对象,海关征税司每年以题为《俄国与欧洲和亚洲邻国的外贸概览》② 的论文发布外贸数

---

① *Ковальченко И. Д.*, Милов Л. В. Всероссийский аграрный рынок. XVIII – начало XX в. Опыт количественного анализа. М.: Наука, 1974. С. 381 – 382.

② Обзор внешней торговли России по европейской и азиатской границам. СПб.: Ежегодник Министерства финансов, 1891 – 1915.

据。这种史料存在不足之处，其价格指标问题容易受到批评，当时人已经对其价格指标的可信度持怀疑态度①，苏联学者 В. А. 扎洛托夫②与 С. Н. 巴库林③分别研究了其价格指标的可信度，Е. В. 德瓦列茨基④对此问题的研究最为充分。

这些研究有其实用意义：我们必须谨慎运用价格指标；能够辨别其中可信度较大的指标；自 1898 年海关征税司统计处成立之日起，价格指标的可信度逐年提升。

因为本书所用的指标可信度较高，且大部分经海关征税司统计处验证过，所以这些指标完全可信。

无论是俄国还是国外的外贸统计资料中都存在严重的问题，即不同国家的资料缺乏可比性。各国外贸统计资料缺乏可比性问题在史学和经济学著作中被屡次提及。上文提到的 В. А. 扎洛托夫、С. Н. 巴库林与 Е. В. 德瓦列茨基的著作就指出过这类问题，其他相关的著作不再一一列举。

关于各国外贸统计资料缺乏可比性问题，由于需要筹备修订贸

---

① См：*Покровский В. И.* К вопросу об устойчивости активного баланса русской внешней торговли. СПб.：тип. И. Гольдберга, 1901；*Шор А. С.* Товарообмен между Россией и Германией за последние 20 лет. СПб.：Издательство Русской экспертной палаты, Типография《Север》, 1914.

② *Золотов В. А.* Хлебный экспорт России через порты Черного и Азовского морей в 60 – 90-е годы XIX в. Ростов н/Д.：Изд-во Рост. ун-та., 1966.

③ *Бакулин С. Н.*, *Мишустин Д. Д.* Статистика внешней торговли. М.：Международная книга., 1940；*Бакулин С. Н.* Статистика внешней торговли капиталистических стран. М.：Внешторгиздат, 1961.

④ *Дворецкий Е. В.* Российская статистика внешней торговли как исторический источник.（Методика сбора, обработки и публикации данныхофициальной статистики）. Дис. ... канд. ист. наук. М.：[б. и.], 1974；*Дворецкий Е. В.* Статистика внешней торговли //Массовые источники по социально-экономической истории России периода капитализма. М.：Наука, 1979.

易协定的资料而变得尖锐起来①。И. М. 库利舍尔在其著作（先是在《统计公报》杂志上发表了文章，继而该文章以独立的小册子刊行②）中分析了进出口统计数据不吻合的原因。苏联时期 В. В. 列别杰夫③的著作也涉及该问题。经过学者的共同努力，最终揭示了各国外贸统计资料不可比的原因。

由于各国的外贸数据不可比，所以产生了一个问题：哪个国家的数据更接近事实？因为商品从一个国家出口到另一个国家，这自然会让人联想到，研究时要么依据出口国的出口资料，要么依据进口国的进口资料。二者孰优孰劣呢？

一般而言，进出口统计资料的准确性与可信度取决于进出口商品资料的登记特点。进口商品需要征收关税，商品进口国自然会更加严格地核验商品价值，尤其要检查规定进口的商品数量。相较于进口国而言，商品出口国的检查会相对宽松（第一种情况用于回顾性分析，第二种情况用于预测性分析）。除此之外，根据海关惯例，进口时通常要求指明商品产地，还要出示商品确实产自指定国的证明。为了有力实施根据产地国区分关税的海关政策，上述过程通常还会再重复一次。

---

① Материалы к пересмотру русско-американского торгового договора. СПб. : Тип. Ред. период. изд. М-ва фин., 1912. Вып. 1 – 3; Материалы к пересмотру торгового договора России с Германией и другими государствами. СПб. : тип. В. Ф. Киршбаума, 1912 – 1915. Вып. 5 – 17; *Ломакин А. А.* Статистическое обследование товарообмена между Россией и Германией. СПб. : тип. Ред. период. изд. М-ва фин., 1913. Вып., 1 – 4.

② *Кулишер И. М.* Спорные вопросы организации статистики внешней торговли. М. : Т-во "Печатня С. П. Яковлева", 1916.

③ См: *Лебедев В. В.* Русско-американские экономические отношения (1900 – 1917 гг.). М. : Международные отношения, 1964.

第一章　史学史、史料及其整理方法

在其他条件相同时所做的记载，进口国的统计资料更可信。

俄国外贸中主要伙伴国的资料很有价值。除上文提到的出版物外，我们再补充两个①。有价值的史料还有根据进口国统计资料而形成的《俄国与外国关于农业的统计与经济资料汇编》（彼得堡，1908～1917年），其中详细罗列了国际粮食贸易资料。

外贸统计资料并未涉及欧洲市场的现状、变化以及俄国在其中参与问题的所有方面，只是间接涉及俄国参与欧洲市场的程度。

对俄国与国外最主要市场上商品价格的比较分析是解决上述问题的关键所在②，有助于确定俄国与国外市场价格相互关联的程度，继而确定支配欧洲市场总的经济规律如何影响俄国外贸，以及影响俄国外贸的结果，其实质是确定俄国卷入欧洲市场的程度。

本书所研究时期的价格史料非常丰富，因为在19世纪末20世纪初，国家机构和社会组织分别收集、整理并出版了大量价格方面的资料。

这些史料被历史类和经济类著作广泛引用，不过仅引用过部分价格史料，史料的取舍完全取决于研究目标和研究方法，但是大多数学者完全是为了引用而引用。此外，一些学者还通过数学方法将

---

① Торговля России с Германией с 1887 по 1901 год, по данным германской имперской статистики. СПб.: М-во фин., 1903; Внешняя торговля Германии с Россией и другими странами. Свод данных германской статистики за 1900 – 1911 гг. СПб.: тип. Штаба Отд. корпуса погранич. Стражи, 1914.
② 价格的统计资料是解决俄国内部农业市场形成与发展问题的关键（См: *Ковальченко И. Д.*, *Милов Л. В.* Всероссийский аграрный рынок. XVIII – начало XX в. Опыт количественного анализа. М.: Наука, 1974）。

价格史料用于解决某些问题，20世纪20年代统计学家的著作①适用于这样的研究趋向（研究综述中未列出这类著作）。

已有的研究中很少批判性地面对史料。Б. И. 卡尔片科的论文②对史料的取舍最有心得。由税务司认真编辑筛选的浩繁的价格汇编③的史料价值较高；В. К. 亚宗斯基的论文④包含简明的价格统计概述；М. В. 伊格纳季耶夫专门探讨了价格统计资料的方法论问题⑤。

20世纪70年代，苏联学者首创运用价格史料的新路径。价格是 И. Д. 科瓦里钦科和 Л. В. 米洛夫的力作的史料基础。⑥ 两位史

---

① *Вайнштейн А. Л.* Исследование тесноты взаимной связи между ценой, валовым сбором, урожайностью и посевной площадью хлопка в С-А США. М. : Издание Главного Хлопкового Комитета, 1924; *Ястремский Б. С.* Переменная корреляция //Вестник статистики. 1924. № 4 – 6; *Четвериков Н. С.* Связь хлебных цен с урожаем //Вопросы конъюнктуры. М. : Фипиздат НКФ СССР., 1925. Т. 1.

② *Карпенко Б. И.* Статистика цен //Хозяйственная статистика СССР. Л. : Прибой (тип. Печатный двор Гос. изд-ва), 1930. 该汇编研究的是苏联时期的统计学问题，但是也涉及了详细的史料。

③ Материалы высочайше учрежденной 16 ноября 1901 г. Комиссии по исследованию вопроса о движении с 1861 по 1900 г. благосостояния сельского населения среднеземледельческих губерний сравнительно с другими местностями Европейской России. СПб. : тип. П. П. Сойкина, 1903. Ч. 1 – 3. 根据19世纪后半期的粮价，这里对19部史料进行了详细的整理。分析的不足之处是没有按照商业形式对价格进行分类，就试图比较批发价格与零售价格的本质差异。

④ *Яцунский В. К.* К вопросу о собирании и публикации материалов по истории урожаев и цен в России //Проблемы источниковедения. М. : Изд-во АН СССР., 1955. Т. 4.

⑤ *Игнатьев М. В.* Задачи статистики цен // Вестник статистики. 1923. № 1 – 3. *Игнатьев М. В.* Конъюнктура и цены. М. : Фин. изд-во НКФ СССР., 1925.

⑥ *Ковальченко И. Д.*, *Милов Л. В.* Всероссийский аграрный рынок. XVIII – начало XX в. Опыт количественного анализа. М. : Наука, 1974.

学家借助电子计算机对浩繁的价格资料进行加工整理，由此变为俄国统一市场发展水平的指示器，重构了全俄农业市场复杂的形成过程。

Б. Н. 米罗诺夫在研究价格史方面做出了重大贡献。他先是发表了一系列分析俄国粮价变动的论文，继而出版了专著①，该专著详尽收集了俄国两个世纪各地区、各省区的粮价资料，并使之系统化，条分缕析，深得要害。Б. Н. 米罗诺夫运用计量方法将各种资料相互印证，深入研究了俄国长时段粮价的演进，阐释了其变化和地理特征。

价格分析也是本书研究的核心内容，首要任务是筛选史料。若要分析国外市场，选用批发价格最佳，因为它最能反映这一层次的贸易的状况和范围。

《俄国主要市场商品价格汇编》② 是分析俄国外贸的基本史料，其中引用了俄国、西欧、美国等主要贸易地点大宗商品的批发价格和一些商品的出厂价格数据。这份史料包含了俄国外贸清单中所有商品的价格，其中对俄国出口具有重要意义的那些商品的价格整理得最充分。在俄国交易所挂牌的木材商品③的价格是个例外，它主要从《俄国主要市场商品价格汇编》中摘取，所以极不完善。这

---

① Миронов Б. Н. Хлебные цены в России за два столетия (XVIII – XIX вв.) Л.: Наука, 1985.
② 最初两册发行于1896年，标题为"Свод товарных цен на главных рынках России"（СПб.: типография В. Ф. Киршбаума, 1896）。余下诸册发行于1898～1917年，标题为"Свод товарных цен на главных русских и иностранных рынках"（СПб.: типография В. Ф. Киршбаума, 1898 – 1917）。这些出版物丰富了1890～1899年的相关资料，并且收入一些以往缺乏的关于1890～1896年主要国外市场的价格资料。
③ 第一次世界大战前，木材出口在俄国出口中仅次于粮食出口而居第二位。

份史料的时间跨度为 19 世纪末至第一次世界大战前。总体而言，这个时间段不长，不过大多数情况下足以得出结论，因为这段时间体现出最有代表性地点的价格。

在俄国统计资料中有一些已经出版的其他史料，可以很好地补充《俄国与国外主要市场商品价格汇编》提供的信息。外贸司收集并出版了俄国外贸中主要商品价格的统计资料①，遗憾的是，外贸司对商品价格的统计整理于 1889 年一度中断，仅仅从 1898 年短暂恢复。

除上述指明的综合性质的出版物外，还存在包含个别商品或个别类别商品价格的出版物，当然粮价的统计资料最值得称道。

在主要史料中，财政部贸易和手工工场司粮贸处②、工商业部贸易处③的出版物最为重要。粮贸处 1899 年刊行的《粮食外贸统计资料》卷Ⅰ涉及 1889～1898 年俄国与国外主要市场上小麦、黑麦、燕麦、大麦和玉米的大额批发价格④。贸易处于 1911 年出版的《粮食外贸统计资料》包含 1894～1910 年粮价统计资料。遗憾的是，该资料只列出价格的地点缩减，未能利用 1899 年出版物的丰富资料充分追溯 22 年的价格动态。《粮食贸易手册》填补了一些空白，其中根据国外市场整理的价格汇编比上述史料更丰富。

---

① Обзор внешней торговли России по европейской и азиатской границам. СПб.：Ежегодник Министерства финансов，1891 – 1915.
② Материалы по статистике хлебной торговли. СПб.：тип. В. Ф. Киршбаума，1899. Вып. 1 – 3.
③ Материалы по статистике хлебной торговли. СПб.：тип. В. Ф. Киршбаума，1911；Справочник：по хлебной торговле. СПб.：тип. В. Ф. Киршбаума，1911.
④ 应该指出，《粮食外贸统计资料》中俄国商品价格由信贷机构提供，为了对比价格，需要转化为统一的货币单位，《俄国主要市场商品价格汇编》中也用了统一的货币单位。

第一章 史学史、史料及其整理方法

В. И. 卡斯佩罗夫①与 А. К. 博罗士什尼奥夫斯基的专著在附录②中包含价格的资料。他们运用可信的官方史料，按时间对国外市场价格进行比较，按统一方法将其折算为俄国的度量衡和货币单位，最终形成丰富的定期批发价格汇编。

俄国统计资料中工业品的价格资料远不如粮食的价格资料丰富。征消费税的商品和加工业产品的价格资料相对多些。政府机关与各种企业组织收集和出版的这些资料拓宽了我们研究的史料基础③。

正如史料学所分析的④，上述价格史料（主要是《俄国主要市场商品价格汇编》）为研究欧洲市场体系中的俄国提供了可信

---

① Касперов В. И. К вопросу о падении хлебных цен и перепроизводстве зерна. Б. м. : Б. и. , 1896. 该书汇总了俄国（1884～1893 年）和国外（1884～1892 年）主要市场的年均价格和月均价格。

② Брошниовский А. К. Условия сбыта русских хлебов за границу при действующем в некоторых государствах Западной Европы высоком таможенном обложении привозного зерна. Пг. : тип. В. Ф. Киршбаума, 1914. 该书列出了长时段内（大部分国外地点 1878～1912 年、俄国地点 1890～1912 年）主要粮食作物（小麦、黑麦、燕麦、大麦）的价格。

③ Статистика производств, облагаемых акцизом за … год. СПб. : Тип. Штаба Отд. погран. Корпуса, 1900 – 1917; Ежегодник по сахарной промышленности Российской империи. Киев. : Тип. Петра Барскаго, 1883 – 1916; Каменноугольная промышленность России в … году. Харьков. : Статистическое бюро Совета съезда горнопромышленников Юга России, 1902 – 1916; Сборник статистических сведений о горнозаводской промышленности России на… год. СПб. : Горный учен. ком. , 1878 – 1918.

④ Изместьева Т. Ф. Источники о ценах на русских и зарубежных рынках конца XIX начала XX века //Проблемы истории СССР. М. : Изд-во Москов. ун-та. , 1977. Вып. VI. С. 194 – 208; Изместьева Т. Ф. Источники по истории цен XIX – начала XX века //Массовые источники по социально-экономической истории России периода капитализма. М. : Наука, 1979. С. 381 – 411.

的史料。

除外贸与价格资料外，粮食产量、采矿业和其他部门的资料也是本书的补充性资料。

第三节 统计资料分析方法

为了研究俄国介入欧洲市场的程度以及俄国在欧洲市场体系中的状态，本书征引了25年来（1890～1914年）关于价格、某些商品进出口、私营生产及消费等大量数据，这些数据在数学中被称为时间序列或动态序列。利用时间序列分析市场是本书研究方法的实质。

统一市场机制会通过某些条件促使内部所有存在价格差异的不合理的生产与交易消失。通过对时间序列的专业分析，可以获悉价格差异缩小、弥合的全过程。

本书运用经济指标构建时间序列。数学统计中常采用如下方式构建：①随时间变化的发展趋势（也称为时间趋势）；②长期波动（周期）；③季节波动；④偶然波动。

在主要引用价格资料的史料（《俄国主要市场商品价格汇编》）中，有月均价格数据，但是因为我们的研究需要使用年均价格，因此在分析时可以忽略月均价格（季节波动）。

长期波动（周期）是由资本主义经济的繁荣或衰退决定的，无法单独考察，但是在对市场状态与发展进行具体、历史的分析时应考虑长期波动的影响。事实上，反映经济周期性长期波动的统计分析本身就能成为独立、丰富的研究目标，但是由于长期波动的分析既需要史料支撑①,又要求序列的统计加工方法,还需要进行具体、历史的说明,因而相当复杂,在此我们不予分析。因此,在无法单独分析长期波动的情况下,我们便放弃分析时间序列的所有成分。不过正如后续研究所表明的那样,对时间序列剩余部分进行分析并非失之毫厘,谬以千里,而且也不影响我们获得相同的结论。

这样一来,时间序列的分析便可分为两部分:时间趋势分析和偶然波动分析。我们这样分析时间序列是有根据的:第一,能够有效利用统计学方法;第二,时间序列作为一种科学理论,有理由根据时间趋势和偶然波动分别研究市场机制,二者都对市场机制产生作用但特点不同。因此,对不同地点价格的时间趋势进行比较分析,能够确定价格变化长期趋势的异同程度,从而揭示经济发展的共同原因;而对偶然波动的关系进行分析,能够确定上述原因的共同影响。

我们采用拟合分析的方法研究时间趋势。该方法的本质在于建立回归方程式,即从充分反映实际状况的时间序列中构建函数,然后用最小二乘法求出此函数,但要注意不能根据先验经验选择函数类型。本书采用二次抛物线②来拟合时间序列。通过预先观测时间序列可知:某些情况下,可以用直线拟合序列;而其他情况下,用高阶抛物线可以更好地逼近函数。那么我们为何选择二次抛物线?

---

① 初始序列长度应超过已有周期长度的 6~7 倍。
② 二次抛物线就是形式为 $y = a_0 + a_1 t + a_2 t^2$ (1) 的函数,其中 y 表示结果,t 表示时间,a_0、a_1 和 a_2 表示未知参数。求回归方程式未知参数的方法,参见:Венецкий И. Г., Кильдишев Г. С. Основы теории вероятностей и математической статистики. М.: Наука, 1968. С. 230–232。假定时间参数 t 的值为从 $-k$ 到 $+k$,$k = \dfrac{n-1}{2}$,n 表示序列长度。

首先，应该指出，用二次抛物线拟合时间序列比用直线拟合的效果更佳：当二次抛物线函数非线性部分 t^2 前的系数无限小时，二次抛物线就会变为直线。同理，抛物线越高阶（3次、4次、5次等），比二次抛物线逼近函数的效果就越好，但是我们要考虑到抛物线越高阶，相应函数的计算难度也越大。其次，我们追求间隔结果的统一，这对于后续研究十分便利。最后，我们选择二次抛物线函数的主要原因在于：二次抛物线可以拟合我们所研究的大部分时间序列①，后续研究也充分证明了这一点。

分析价格序列趋势，对照如下方式形成的专用表格，我们便能获悉价格序列差异缩小的过程。我们可以将序列的初始拟合值与最终拟合值用作原始数据②，计算出每对序列初始拟合值与最终拟合值的差值，然后计算出一次差值和二次差值的比值（初始差值比最终差值）。为了使表格更加直观，我们引入以下符号：P 表示价格差扩大（若求出的比值小于个位数，即表明与初始阶段相比，最终阶段价格差扩大）；C 表示价格差不变；H 表示价格差缩小（若求出的比值大于个位数，即表明所研究时期内价格差缩小）。这种简单的分析手段可以判断所研究时期内价格差异是否存在缩小的趋势。通过分析价格水平及其变化过程，我们可以揭示价格差异缩小的详细过程。

研究不同地点（俄国与国外）的价格变化，在数据拟合的基础上对其进行比较分析，这是本书研究俄国国外市场的重要环节。

---

① 俄国商品贸易周转中所有重要的序列都要进行计算。
② 将这些数据代入公式（1）中的极值 t，而 t 是从 -12 到 $+12$ 的 25 个成分的序列（参见：Материалыпостатистикехлебнойторговли. СПб. : тип. В. Ф. Киршбаума, 1899. Вып. 1—3）。

在此过程中需要充分考察不同地点价格变化之间的关系，同时要根据价格随时间变化的特点及一致性来对曲线（上述构建的函数）进行分类。分类方法要以曲线的正规数学分析为依据。换言之，该分类方法以一种标准、统一的形式独立于价格研究的具体内容，最终变成完全意义上的数学操作方法。但是我们要事先指出，无论是分类方法和分类标准的选择还是对已知结果的解释都相当复杂，并且需要进行严谨的历史与经济分析。

我们需要从价格水平、价格动态指标、价格变化过程的稳定性（价格涨跌的承受度）三个方面对不同地点的价格进行比较，继而便能认识到俄国国外市场的状态及其发展情况。

通过固定等级、分类分析的方法①，根据全部指标对价格进行分类。该方法运用相同的分类标准统筹目标种类，因而可以根据价格水平及其变化的一致性对价格进行分类。

我们需要具体阐释对价格动态指标进行分类的标准。累积增长量系数（近期序列水平比以往序列水平）和累积增长量速度（以百分比计的累积增长量系数）是时间序列的常用动态指标，它们的值就表示序列水平随时间变化的速度。平均累积增长量系数、平均逐期增长量系数、平均累积增长量速度和平均逐期增长量速度②则是时间序列的典型指标。在某些情况下，我们运用上述指标进行

---

① 详细方法参见：См：Бородкин Л. И. Многомерныйстатистическийанализвисторическихисследованиях. М.：Изд-воМГУ，1986. С. 27 – 29。

② 平均累积增长量系数通过如下方式计算：$k_p = \sqrt[n-1]{y_n/y_1}$ （2），其中 n 表示序列水平数，y_1 和 y_n 分别表示初始时间序列初始水平与终结水平。平均逐期增长量系数比上述系数小 1，即 $k_{np} = \sqrt[n-1]{y_n/y_1} - 1$ （3）。平均累积增长量速度和平均逐期增长量速度相应为百分比形式的平均累积增长量系数和平均逐期增长量系数。

分析，并非任何情况下都适用，因为这些典型的动态指标存在本质缺陷。其一，这些指标是不稳定的。换言之，这些指标明显表现出对序列水平偶然波动的强烈依赖。其二，这些指标未考虑时间序列间隔的作用，因此运用这些指标时，应在现象平均变化（平均单调增长或下降）中限制偶然波动。所以，当序列水平剧烈变化时，上述指标的缺陷会更加明显。

我们建议用一阶导数①分析价格变化，因为一阶导数基本不存在上述缺陷。一阶导数就是函数的变化速度，在此意义上便是动态指标。我们从一阶导数方法入手，分析价格的时间序列。

商品价格受诸多因素影响，因此处于不停的变动中，不过价格变化最终符合价值规律：价格波动以价值为中心。在社会常规生产条件、平均劳动能力和强度一致的情况下，价值由劳动时间决定，因此劳动时间对商品生产的意义不言而喻。在发达资本主义经济中，价值会以生产价格的形式体现出来，不过生产价格是由相同生产损耗和平均利润决定的。尽管商品在不同的条件下生产会有不同的生产损耗，但是由于平均利润的影响，用统一市场价格支付相应商品会更有优势。

从上述观点看，商品市场的发达程度决定了价格差异缩小的程度。这就意味着，在分析价格变化时既要关注价格变化速度，又要注意价格水平。本书所研究时期的价格多呈增长趋势，因此为了确保价格水平差异缩小，我们规定：若初始价格水平高，则应与其变化的低速度配合；若初始价格水平低，则应与其变化的高速度配

---

① 二次抛物线的一阶导数 $\left(\dfrac{dy}{dt}\right)$ 通过如下方式计算：$\dfrac{dy}{dt} = a_1 + 2a_2 t$ （4）。

合。然而当典型的动态指标——平均逐期增长量系数或平均累积增长量系数被用作速度曲线时，上述的规定便没有意义了，因为这些指标体现了价格在极小范围内的变化速度。换言之，这些指标已经是第二次作为组成成分去分析曲线。与增长量系数或增长系数不同的是，导数本身就能提供较小时间间隔内的价格变化速度，并且不受价格水平的影响①。

本书选择导数方法进行研究，源于价格的某些特征。有时价格本身包含一些非生产性因素，而这些因素在一定程度上长期不会变化，如关税、消费税、法定垄断附加税、不同商品各异的价格折扣等，这些因素都会影响价格，因此不同地点会形成特有的价格水平。不过既然价格水平可以反映一个地点的特征，那么同种或同类因素大致可以引起价格水平发生同样的变化。因此，我们通过对同类序列的拟合得到曲线族，用导数方法进行研究，便可以找到曲线族的"相似点"。

应该指出的是，随着科技进步和经济发展，上文所言及的价格因素可以承受一定的改变，而体现某个国家或地区特点的价格差异也会变得不明显。经济技术的持续发展以及人为因素（国家关税政策等）的强有力作用都会促使上述过程实现。实际上，若不同国家或地区的价格差异过大，那么国家间外贸关系的发展将会促使其大幅缩小。但是国家关税政策可以使价格保持稳定的差异，阻碍了价格差异的缩小。因此，通过提高本国关税（国家政策不仅考虑经济需要，而且在很大程度上会受到国家或公民重商主义利益的

---

① 详见：ИзместьеваТ. Ф. АнализценвнешнегорынкаРоссии（поисточникамконца XIXначала XX в.）//Количественныеметодывгуманитарныхнауках. М.：Изд-воМГУ, 1981. С. 79–86。

影响），国家宏观调控就会抑制价格差异的缩小。关税的增加或不合理的稳定最终会导致进口萎缩，从而导致价格的持平或上涨。换言之，在此情况下便实现了调控，但是不如自由市场的调控巧妙，也需要大量的时间。在某些情况下，价格差异会持续 10 年，但这并不意味着市场失灵，市场的作用可能存在，只是受到外部因素的干扰，在促进价格差异缩小的过程中产生了巨大的延迟。

导数方法无疑适用于分析价格变化，我们同样需要指出在研究过程中的困难，分析出的大部分趋势在某种程度上有最小值，这就表明所研究时期内（1894～1896 年以及 19 世纪与 20 世纪之交）价格是下降的。因此，诸多导数在所研究阶段初期是负值（其绝对值即价格的下降程度），然后通过零值（函数在此点有最小值）将其转化为表明价格上涨速度的正值，然而该速度并非价格的增长速度，因为其中包含了补偿性增长，即与以往价格下降所做补偿相关的增长。

当比较分析价格序列时，通常会涉及所研究时期内价格纯粹上升（或下降）速度的平均值问题。运用回归方程便可求出这些函数的值①。回归系数 a_1 表示价格纯粹上升的年均速度，在方程中

---

① 计算平均净增长的公式为：$\overline{\Delta y} = (y_n - y_1)/(n-1)$，其中 y_n 和 y_1 分别表示初始与终结的序列水平，n 表示序列长度。将其作为时间序列的曲线，我们便可以揭示所研究时期价格平均上升（或下降）的程度。在对价格趋势进行分析时，因为我们需要的是价格的数字性上升（或下降），那么为了计算平均净增长，我们要拟合终结与初始阶段的数值。考虑到这个实际情况（确实存在），为了求出回归方程（1）中的参数，假定 $-k \leqslant t \leqslant +k$（参见：Материалы по статистике хлебной торговли. СПб.: тип. В. Ф. Киршбаума, 1899. Вып. 1－3），得到：$\overline{\Delta y} = \dfrac{a_0 + a_1 k + a_2 k^2 - a_0 + a_1 k - a_2 k^2}{2k} = a_1$。

用正号表示。若回归系数是负值，那么其绝对值表示价格纯粹下降的年均速度。

我们返回价格趋势的分类标准。在分析市场时，除了价格动态指标，还应考虑价格水平及价格变化过程的稳定性。价格水平可用作初始曲线来评价价格变化，自然也要用到初始阶段序列的拟合值。价格变化过程的稳定性需要引入由趋势组成的二阶导数函数来评定。二阶导数函数就是将一阶导数函数非线性部分前的系数翻倍，即 $2a_2$，它表示价格增长速度的变化速度（价格变化过程的"加速度"）。不过不难看出，对于取决于 a_1 值的公式 $y = a_0 + a_1 t + a_2 t^2$，同一个数值 $2a_2$ 会对线性偏差产生不同程度的相对影响。因此，合理计算 $2a_2/a_1$ 的值，便是价格变化线性（成比例的）规则相对偏差的计算方法，也就是价格变化过程稳定性的评判准则。

言及分析时间序列第一部分（时间趋势）的方法与研究步骤，我们需要进行总结，以保证整体分析的逻辑连贯性。首先，运用最小二乘法解决时间趋势的问题。其次，通过拟合值制作价格差异缩小的表格，通过该表格得出所研究时期内价格趋势缩小的结论。最后，通过如下指标对价格进行分类，从而弄清价格差异缩小的详细过程：① $\hat{y}_1$ 表示初始阶段价格水平拟合值；② a_1 表示价格纯粹上升（或下降）的年均速度；③ $2a_2/a_1$ 表示价格变化过程的稳定性。

下面我们转入时间序列第二部分（偶然波动）的分析。求出 a_0、a_1 和 a_2 的值，将其代入 t 的已知方程式，便可以确定价格的所有拟合值。价格的拟合值有时符合事实，不过大多情况下与近期事实明显不符。求出实际数值 y_i 与拟合值 $\hat{y}_i$ 的差值，即 $\Delta y_i = y_i - \hat{y}_i$，然后根据偶然偏差计算这些差值（之后我们将论述可以检测该主张的标准）。

市场的作用并不仅仅局限于缩小、弥合价格差异，还可以调整价格水平差异。实际值与拟合值之间的差异受多种因素影响。在发达的市场体系中，当一个地点的价格水平受某些因素影响时，这种影响会迅速蔓延至其他地点。因此，这些地点的价格水平差异会与第一个地点有共同的趋向，即有大致相同的偏差数值。对于其他地点而言，这种论断也大致正确，因而含有共同市场的地点的价格变化最终会在一定程度上趋向融合。

若价格变化的一致性程度相当高，即使所研究时期内价格差异并未缩小，那么也证明统一市场机制发挥了作用。因为价格差异缩小除了受市场支配外，还受到诸如国家或地区的地理位置、贸易与经济政策特点、商品类型等因素的干扰。若两地的价格水平差异是长时间内形成的，那么即使它们之间的价格差异并未缩小，也不妨碍将两地归入同一个市场影响范围（导数方法也考虑类似的状况）。但是若上述差值发生变化，那么是否将两地归入同一市场影响范围的问题就存在争议，该问题只能在研究的第二阶段——分析价格变化融合时才能得到解决。若融合程度高，价格水平差异并未缩小，应归因于价格中的某些因素，而这些因素亦不属于生产与交易范围之内。

我们需要引入线性相关系数 r，根据不同地点的价格趋势，计算价格差异融合的程度①。线性相关系数 r 的取值范围从 -1 到 $+1$，最大值表示存在函数关系，等于零表示没有线性关系。"正号"表

---

① 用于计算的方程式参见：Количественные методы в исторических исследованиях. М.: Высш. школа, 1984. С. 142。

示直线，而"负号"则表示相反的关系。为了确保在数学中使用相关分析的正确性，我们必须保证在常规分布的总集合中随机抽样①。通过引入不对称系数 S 和峰值 E②，我们可以检测数据抽样是否为常规分布。对于时间序列而言，其成分的随机性要求是最重要的也是最难以实现的。我们知道，时间序列大部分成分是由经济指标构成的，而这并不符合上述的随机性要求。这些成分与自身相关，通过自相关系数的计算③，便可以找到这种关系。我们可以找到一种方法，它能够从时间序列中排除或者大幅降低自相关。对于由实际值和拟合值构成的时间序列，我们希望其中的自相关降低甚至消失，因此必须执行这个操作。该推测需要检验，若计算出的自相关系数相当高，我们应该认为序列成分间存在相关关系。

对于相关分析而言，诸多经济的时间序列自相关的事实使得难以检验它们的关系④，但也并非无计可施。根据可以克服自相关序列分析中出现困难的方法，我们得知：自相关序列比独立成分序列本身含有更少的信息。我们找到一种方法，可以判断独立成分序列中 n' 的长度，而这种独立成分序列的信息量也不亚于自相关序列。我们可以用戈斯特的 t 检验方法来解决序列成分间是否存在相关关

---

① 参见：*Езекиел М.*，*Фокс К.* Методы анализа корреляций и регрессий. М. : Статистика, 1966. C. 295。
② 系数计算方法参见：См: Количественные методы в исторических исследованиях. М. : Высш. школа, 1984. C. 259 – 260。当 $S = 0$，$E - 3 = 0$ 时，符合常规分布，这些首数逼近 0 时表明符合常规分布。
③ 用于计算的方程式参见：См: *Тинтнер Г.* Введение в эконометрию. М. : Статистика, 1965. C. 304。
④ *Тинтнер Г.* Введение в эконометрию. М. : Статистика, 1965. C. 314.

系的问题，首先计算出 t 的数值，然后将其与序列自相关的临界值进行比较，便可以判断 n' 的抽样是否符合要求①。

总之，价格时间序列第二部分的分析便是从序列中排除时间趋势，揭示价格偶然波动的协调性程度，为此我们运用线性相关系数进行分析。通过计算相关系数、不对称系数和峰值，保证相关分析的正确性。

根据上述分析序列成分的方法对时间序列进行加工整理，便可以获悉欧洲市场发展的水平以及俄国介入欧洲市场的程度。

由于俄国国外市场研究是基于价格资料展开的，因此我们提出价格与反映俄国对内对外贸易及其潜在可能性的参数之间关系的问题。为了解决该问题，我们还要引入商品进出口指标、国内生产资料、私营生产的发展水平等内容。假设上述关系会随时间的变化而变化，换言之，随着逐步计算，这种变化可以表现得相当明显。这样一来，我们便会得知：不仅是当年的粮食收获量，往年的粮食收获量也会影响该年的粮食价格②。根据这种观点，我们用线性相关系数分析某些参数偏差序列（进出口量、粮食产量等指标）与取决于年份 $(1, 2, \cdots, n)$ 的价格偏差序列间的关系。

国内外贸易中哪些因素会影响价格（继而影响贸易）？这些影响因素哪些比较重要？这些因素能否很好地反映价格水平（继而反映市场行情）？运用多元回归方程便可以解答这些问题。

---

① *Тинтнер Г.* Введение в эконометрию. М.: Статистика, 1965. С. 314 – 315.

② 由于年均价格的计算特点，当年粮食收获量对价格的影响在同一年不能充分体现出来，其对价格的影响只能在当年最后几个月体现得较为明显，而事实上当年产量对价格的影响呈现于次年。

在相关数据可得的情况下，我们便可以构建多元回归方程式①。为了鉴定每个价格序列，需要对方程式中的因数做一些变动。同时，还需要引入两个计算指数 F（标准）和 R^2（决定系数）来评定已知模型。第一个计算指数 F 可以解决回归方程的显著性问题②；第二个计算指数 R^2 表示回归方程中所有因数在多大程度上阐明了结果的变化③。选择方程式时必须考虑到方程中的因数间不能有密切的相关关系，因数间没有线性关系是正确评价多元线性回归参数的必要条件。

---

① 自变量与因变量存在关系且最小值大于个位数的方程，被称作多元回归方程，它的一般形式为 $Y = a_0 + a_1 X_1 + a_2 X_2 + \cdots + a_n X_n$。其中，$Y$ 表示结果；X_1，X_2，…，X_n 表示因数；a_0，a_1，a_2，…，a_n 表示多元线性回归方程的参数。为了求出这个方程式，通常需要运用上文言及的最小二乘法。在我们的研究中，结果代表价格，因数就是从不同程度上解释价格水平的因素。在因子 X_i 前的系数 a_i，被称为多元回归的孤立系数，随 i 在剩余因数固定数值单位内变化，表明结果（价格）在平均水平上的变化程度。回归系数的显著性，即表明价格与这些系数之间存在线性关系，可以通过 t 检验方法验证。关于检验与计算方法，可参见：Сборник научных программ на фортране. М.: Статистика, 1974. Вып. 1. С. 58。Б. Н. 米罗诺夫首次在历史文献中采用计量方法分析影响粮食价格的因素。参见：*Миронов Б. Н.* Факторы динамики хлебных цен в Европейской России в 1801 – 1914 гг. и количественная оценка их влияния //Математические методы в исследованиях по социально-экономической истории. М.: Наука, 1975。

② 关于回归的显著性，若计算出的数值 $F(k, n-1-k)$ 超出表格范围 k 和 $(n-1-k)$，即回归方程可以足够精确地描述结果（表格可参见：См: *Тинтнер Г.* Введение в эконометрию. М.: Статистика, 1965. С. 332 – 335）。用于计算 F 的公式可参见：См: Сборник научных программ на фортране. М.: Статистика, 1974. Вып. 1. С. 57。

③ 决定系数 R^2 的计算公式可参见：См: Сборник научных программ на фортране. М.: Статистика, 1974. Вып. 1. С. 57。我们采用百分比形式的指数，其下限为 0，上限为 100%。该指数不仅可以判断不同因数对价格的影响程度，而且可以从公式中选择因数。在其他条件相同的情况下，限定系数越接近自身上限，该公式就越可以顺利选择包含其中的因数。

构建多元回归方程用于分析，可以确定方程中的哪些因数对价格的影响更大以及哪些因数对价格的影响更小。我们运用逐步回归的算法，依次选择从决定系数中提供最大值的因数，然后根据因数对结果的影响程度将其按大小排列：第一步，引入与价格关系最密切的因数；第二步，在剩余因数中选择对价格影响最大的因数；依此类推。

因此，正确运用多元线性回归方程，可以发现影响价格的所有因素，确定这些因素对价格的影响程度并进行比较，从而揭示其中最本质的影响因素，最终我们就可以评判这些因素对俄国外贸产生的不同影响。

商品交换研究也是俄国外贸研究中的重要分支。本书根据组成成分及趋向分析该问题。分析商品交换结构（成分间的相互关系），尤其是商品交换结构随时间发生的变化，目的是揭示商品交换结构的变化程度，最后指出引起这些变化的原因。Л. С. 卡济涅茨提出的二次相对结构进展系数①可以判断商品交换结构随时间变化的显著程度，该系数的最小值为 0（结构不变），没有最大值，

---

① 二次相对结构进展系数可通过如下公式计算：$\sigma_{i+1} = \sqrt{\sum_{j=1}^{k}\left(\dfrac{f_{i+1,j}}{f_{i,j}} - 1\right)^2 \cdot f_{i,j}}$；$j = 1, 2, \cdots, k; i = 1, 2, \cdots, n - 1$。其中，$f_{i,j}$ 表示所有集合中的组成部分（j）在所有年份集合（i）中的比重，以百分比计；k 表示集合组成部分的数量；n 表示年份（参见：*Казинец Л. С. Измерение структурных сдвигов в экономике.* М.：Экономика, 1969. С. 83）。为了便于说明，我们对所引用的系数做了一些改动。П. Г. 雷恩德久斯基在对手工业税收的统计资料进行整理时，首次在历史文献中运用了该系数（参见：*Рындзюнский П. Г. Городские и негородские центры экономической жизни среднеземледельческой полосы Европейской России в конце XIX в. // Из истории экономической и общественной жизни России.* М.：Наука, 1976. С. 117 - 119）。

其取值越大，商品交换结构变化的程度就越高。

结构进展系数可以用于揭示商品交换结构发生重大变化的时间，将此时发生在俄国经济生活和国际市场上的重大事件做比较，便可以厘清商品交换结构变化的原因，同时揭示商品交换结构在多大程度上是长时段、本质性的，以及它们在多大程度上影响了重大事件的整体过程。建议将此方法用于分析粮食产量结构变化、粮食种植面积结构变化等问题。

本节所述的统计资料整理方法旨在研究俄国外贸及其相关问题。最后需要指出的是，除最简单的计算外，所有计算均是借助计算机（"Наири–2""Минск–22""БЭСМ–6"）完成的。

第二章
俄国的粮食出口

第一节　19世纪末20世纪初俄国粮食出口结构的变化

19世纪末20世纪初，俄国的出口结构是典型的农业国出口结构：出口的商品绝大部分是粮食、原料和半成品。粮食在俄国的出口商品中居首位，粮食出口收入是俄国外贸的主要收入来源（粮食出口收入约占俄国出口总收入的一半）。

19世纪末20世纪初，俄国是世界上主要的粮食生产国：黑麦产量超过世界黑麦总产量的一半；小麦产量在世界小麦总产量中的份额也相当可观（占世界小麦总产量的1/5）[1]；俄国产粮区大约贡献了世界大麦总产量的1/3和世界燕麦总产量的1/4[2]。俄国的黑麦和大麦出口对国际粮食市场的影响较大[3]，而小麦[4]和燕麦出口的影响则相对较小。

---

[1]　计算数据参见：ЦГИА СССР. Ф. 560. Оп. 26. Д. 998. Л. 7。
[2]　计算数据参见：ЦГИА СССР. Ф. 560. Оп. 26. Д. 998. Л. 3。
[3]　计算数据参见：ЦГИА СССР. Ф. 560. Оп. 26. Д. 998. Л. 8。
[4]　计算数据参见：ЦГИА СССР. Ф. 560. Оп. 26. Д. 998. Л. 8。

一方面，俄国参与了与其经济发展水平相对应的国际劳动分工，成为欧洲各国的主要粮食供应国之一，因此俄国粮食的出口规模和出口结构在某种程度上影响了欧洲粮食市场的状况。另一方面，国际粮食市场的供求失衡也影响了俄国粮食的出口规模及出口结构，并最终影响了俄国的经济发展。随着俄国粮食出口规模及出口结构的变化，参与国际劳动分工的国家之间的经济就会相互渗透。研究国际市场参与者的经济或政治关系，以及这些关系对俄国经济发展的影响，应将重点环节的俄国粮食出口作为切入点。

对俄国而言，至少有两种特殊情况能说明研究俄国粮食出口的必要性：第一，俄国的粮食出口实质上是俄国商品性农业发展进程的结果和反映；第二，粮食出口是俄国获取闲置资金的主要杠杆，也是沙俄实现国家工业发展的必要手段。综上，俄国粮食出口问题与俄国资本主义发展问题息息相关。

本书将小麦、黑麦、燕麦和大麦四种主要农作物作为俄国粮食出口结构变化的研究对象，试图确定1890~1913年其基本变化趋势，以揭示主要粮食作物最剧烈的出口结构变化，并阐释其原因。

俄国不同时期粮食出口状态不均衡，衰退与增长交替出现（见图2-1）。但是这些波动并不能掩盖粮食出口变化的总体趋势。不难看出，小麦出口特别是大麦出口整体呈增长趋势，而黑麦出口则整体呈下降趋势。通过10年内粮食出口量的平均值，我们能够观察到其趋势十分明显：第一次世界大战之前（1904~1913年）小麦出口量比19世纪末（1890~1899年）增长了0.3倍，大麦出口量增长了1.1倍，而黑麦的出口量减少了40%，燕麦的出口量基本保持不变。这一时期上述四种粮食的总出口量增长了0.4倍。

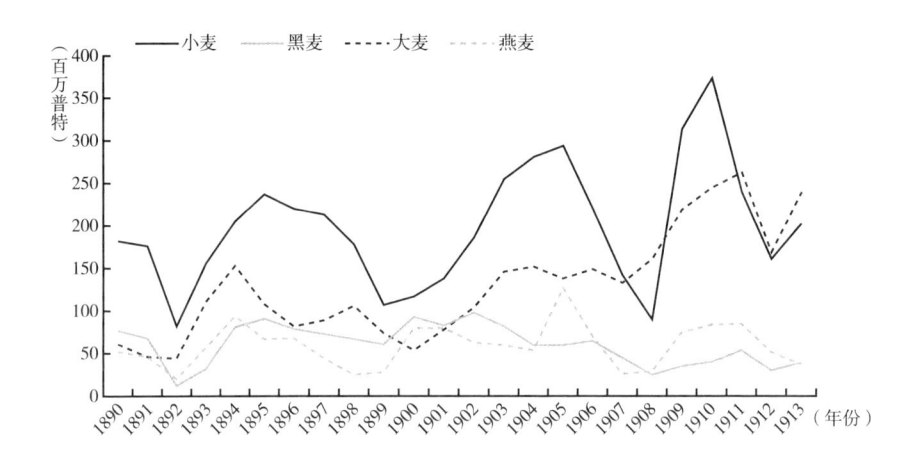

图 2-1 1890～1913 年俄国四种主要粮食的出口量

若再细化所研究时期内俄国粮食出口的发展过程，我们可将其分为三个阶段。

第一个阶段（1890～1894年），俄国的粮食出口明显受1891年粮食歉收的影响，因此某些粮食的出口变化趋势大致同步，粮食出口起初以小麦和黑麦为主，最后则更加侧重小麦和大麦的出口。

第二个阶段（1895～1906年），某些粮食出口的变化趋势逐渐不一致（俄国粮食出口和粮食内销的变化趋势几乎相悖），主要用于出口的粮食，其产量对出口规模的影响下降（1900年例外，这一年黑麦和燕麦的出口量都超过了大麦）。

第三个阶段（1907～1913年），从1907年起，大麦的产量及出口量增加，因此，饲料的影响增强并主导了俄国的粮食出口，明显有别于国内需求旺盛的粮食。1911年的歉收影响了所有主要粮食的出口，但并未改变当时不同粮食种类出口的比例关系。

除了上述四种粮食总体和某种粮食的绝对出口量发生变化外，某种粮食在俄国粮食出口中的地位也有所变化。从在四种粮食总出口量中的比重来看，19世纪90年代初，小麦的比重最大（在四种粮食总出口量中约占一半），然后依次为黑麦、大麦、燕麦；而在第一次世界大战爆发前夕，大麦排在第一位，小麦退居第二位，黑麦居第四位。

上述粮食出口结构的变化是以往粮食结构不稳定的结果，它既体现在俄国的经济发展过程中，也反映在国际市场上。19世纪90年代上半期，在四种出口的粮食中，随着小麦出口份额的上升（下降），燕麦的出口份额则大体呈下降（上升）趋势（见图2-2）。大麦和黑麦出口份额之间的关系也呈现类似的趋势。在出口的四种粮食中，国内需求旺盛的粮食（黑麦和燕麦）出口量缩减，而主要用于出口的粮食（大麦和小麦）出口量增加，弥补了上述缩减的亏空。从19世纪90年代后半期开始，小麦和黑麦、大麦和燕麦之间产生了激烈"对抗"。在四种出口的粮食中，小麦的出口份额下降导致第二种粮食——黑麦的出口份额上升，大麦出口份额的上升则导致另一种出口的饲料——燕麦出口份额的下降。在粮食和饲料的出口中，由一种粮食取代另一种粮食的过程在上述划分的第二个阶段其特点相当明显。1906~1907年，大麦和小麦在粮食出口中占据主导地位，在俄国粮食出口的竞争中最为激烈。

所研究时期粮食出口的特征还应包括下列内容。19世纪90年代上半期，面向出口的粮食取代了传统意义上国内需求旺盛的粮食。19世纪90年代后半期到1906~1907年，饲料粮与粮食之间的竞争加剧。1906~1907年到第一次世界大战前，面向出口的粮食在俄国粮食出口中具有明显优势并且常态化，面向出口的粮食与满足国内需求的粮食之间的竞争达到白热化状态。

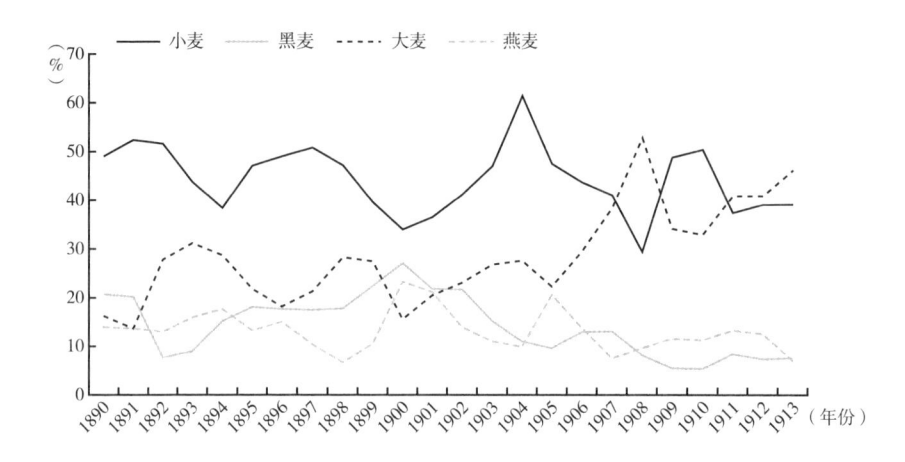

图 2-2　1890~1913 年俄国四种主要粮食出口结构的变化

在本书所研究时期内，粮食出口结构不断发生变化：一种粮食的重要性提升，另一种粮食的作用便会随之降低。粮食出口结构的变化受到了国内外因素的制约。国内因素有国内粮食总产量和国内对某些粮食的需求量，国外因素有国际市场的状况及其变化。本书研究粮食出口最本质的结构变化，阐释引起该变化的原因，旨在揭示特定时期粮食出口过程的趋势及影响。为此，本书采用结构分析法。

1892 年、1900 年、1905 年、1908~1909 年，俄国粮食出口发生了重要的结构变化（见表 2-1）。1891 年俄国粮食歉收殃及 19 个农业省，然而当年的粮食出口却几乎未受影响[①]，但是 1892 年粮食收成极低，加之 1891 年粮食歉收，1892 年的粮食出口受到重

---

① 1891 年，国内粮食歉收，政府被迫采取余粮征集制。政府于 1891 年 7 月 28 日出台了黑麦出口禁令，于 1891 年 10 月 16 日出台了大麦和燕麦出口禁令，于 1891 年 11 月 3 日出台了小麦出口禁令，然而此类禁令并未影响当年的粮食出口量。1892 年 6 月 4 日，此类禁令均被废止。

创,同 1890 年相比,1892 年的粮食出口量缩减了 57%,出口结构也随之发生了变化。

表 2-1 1890~1913 年俄国四种主要粮食的出口结构及结构变化系数

年份	输出量(百万普特)					四种粮食出口所占份额(%)				σ
	小麦	黑麦	大麦	燕麦	四种粮食作物共计	小麦	黑麦	大麦	燕麦	
1890	182	77	61	52	371	49.0	20.7	16.3	14.0	—
1891	176	68	46	46	336	52.4	20.2	13.7	13.7	0.818
1892	82	12	44	20	158	51.6	7.7	27.8	13.0	4.735
1893	156	32	111	57	356	43.8	9.0	31.2	16.0	1.594
1894	205	81	153	94	533	38.4	15.2	28.7	17.7	2.305
1895	237	91	108	67	504	47.1	18.1	21.8	13.3	2.332
1896	220	79	82	68	448	49.0	17.7	18.2	15.1	0.914
1897	213	73	89	44	420	50.8	17.5	21.3	10.4	1.434
1898	178	67	106	25	376	47.2	17.8	28.3	6.7	1.971
1899	107	61	74	28	271	39.6	22.4	27.5	10.5	2.141
1900	117	93	54	80	344	34.0	27.1	15.6	23.3	4.747
1901	138	83	78	80	379	36.5	21.8	20.5	21.2	1.719
1902	186	98	104	63	452	41.2	21.7	23.1	14.0	1.841
1903	255	82	146	60	542	47.0	15.2	26.8	11.0	2.001
1904	281	60	152	54	547	61.4	11.0	27.6	9.9	1.309
1905	294	60	138	127	619	47.5	9.6	22.3	20.6	3.619
1906	220	65	149	70	504	43.7	13.0	29.5	13.8	2.465
1907	142	45	133	26	346	41.0	13.1	38.4	7.5	2.396
1908	90	25	161	29	305	29.4	8.2	52.8	9.6	3.332
1909	314	35	219	75	644	48.8	5.5	34.1	11.6	4.553
1910	374	40	245	84	744	50.4	5.4	32.9	11.3	0.323
1911	240	54	263	85	642	37.4	8.4	40.9	13.3	2.706
1912	161	30	169	52	412	39.1	7.4	40.9	12.6	0.482
1913	203	39	240	37	519	39.2	7.6	46.2	7.0	1.784

注:①表格中呈现的是作者的计算结果,精确到百万普特。②表格中最后一栏即结构变化系数。

资料来源:Обзор внешней торговли России по европейской и азиатской границам. СПб.: Ежегодник Министерства финансов, 1891-1916。

1892年粮食出口结构的变化与某些粮食产量的重大结构变化发生的时间是一致的（见表2-2），如此看来我们分析后者即可。根据1892年粮食出口结构不难发现不同粮食作物的歉收程度也不同：主要面向出口的作物（小麦和大麦）受灾程度较轻，占粮食总产量的比重也有所上升；而作为俄国主要粮食的黑麦，其绝对产量和相对产量都大幅下降，这就使其国内供需产生了巨大缺口。

表2-2 1890～1913年俄国64个省份主要粮食的收成结构及结构变化系数

年份	产量（百万普特）					占粮食总产量的比重（%）				σ
	小麦	黑麦	大麦	燕麦	四种粮食作物共计	小麦	黑麦	大麦	燕麦	
1890	353	1054	227	544	2179	16.2	48.4	10.4	25.0	—
1891	287	791	196	434	1708	16.8	46.3	11.5	25.4	0.486
1892	539	947	279	473	2266	23.8	43.0	12.3	20.9	2.001
1893	733	1167	449	676	3025	24.2	38.6	14.9	22.3	1.049
1894	695	1351	364	676	3086	22.5	43.8	11.8	21.9	1.213
1895	626	1215	328	649	2818	22.2	43.1	11.7	23.0	0.267
1896	606	1190	325	646	2767	21.9	43.0	11.8	23.3	0.095
1897	476	970	306	528	2280	20.9	42.5	13.4	23.2	0.519
1898	678	1107	398	556	2740	24.8	40.4	14.5	20.3	1.133
1899	654	1365	290	805	3114	21.0	43.8	9.3	25.9	2.068
1900	658	1402	309	720	3089	21.3	45.4	10.0	23.3	0.614
1901	667	1146	313	528	2654	25.1	43.2	11.8	19.9	1.267
1902	932	1387	442	786	3547	26.3	39.1	12.5	22.2	0.868
1903	917	1364	466	645	3392	27.0	40.2	13.8	19.0	0.804
1904	1014	1516	452	944	3926	25.8	38.6	11.5	24.1	1.367
1905	944	1099	450	755	3248	29.1	33.8	13.9	23.2	1.246
1906	749	990	404	561	2705	27.7	36.6	14.9	20.8	0.787
1907	727	1200	457	728	3114	23.4	38.5	14.7	23.4	1.046
1908	813	1176	488	740	3217	25.3	36.6	15.2	22.9	0.525
1909	1182	1360	622	946	4110	28.8	33.1	15.1	23.0	0.906

续表

年份	产量（百万普特）					占粮食总产量的比重（%）				σ
	小麦	黑麦	大麦	燕麦	四种粮食作物共计	小麦	黑麦	大麦	燕麦	
1910	1162	1308	603	856	3930	29.6	33.3	15.3	21.8	0.298
1911	743	1151	537	703	3134	23.7	36.7	17.1	22.4	1.323
1912	1036	1568	606	862	4037	25.4	38.5	14.9	21.2	0.747
1913	1392	1507	741	980	4620	30.2	32.6	16.0	21.2	1.376

注：①表格中呈现的是作者的计算结果，精确到百万普特。②表格中最后一栏即结构变化系数。③表格中个别数据有偏差，原文如此。

资料来源：Сборник статистико-экономических сведений по сельскому хозяйству России и иностранных государств. СПб.: Тип. Ис. Ф. Вайсберга, 1908－1916。

　　四种主要粮食产量结构的变化也取决于19世纪末俄国农业经济发展的某些特点。正如当时人所言，从19世纪90年代开始，俄国通过减少黑麦的种植面积，开垦南部和东南部土地并在此实行大麦和小麦①的轮作制，力图增加大麦和小麦的产量。可见，俄国重新调整了其农业方针，粮食生产从以出口为主转向了以满足国内消费为主。1891～1892年国内粮食歉收加剧了这一过程，因为在饥荒年代，黑麦对国内的消费十分重要。因此，黑麦的出口大幅减少，而大麦的出口增加。

　　评估俄国粮食出口结构的变化，必须考虑19世纪最后25年欧洲的经济形势。19世纪70年代中期，西欧爆发了农业危机，该危机影响到俄国外贸。农业危机主要波及粮食生产，致使粮价暴跌，

---

① *Брошниовский А. К.* Условия сбыта русских хлебов за границу при действующем в некоторых государствах Западной Европы высоком таможенном обложении привозного зерна. Пг.: тип. В. Ф. Киршбаума, 1914. С. 3－11; *Лященко П. И.* Зерновое хозяйство и хлеботорговые отношения России с Германией в связи с таможенным обложением. Пг.: тип. Ред. период. изд., 1915. С. 7.

国际粮食市场竞争加剧。由于欧洲市场对饲料的需求相对稳定，因此危机对畜牧业的危害较轻。

19世纪80~90年代，俄国饱受农业危机之苦。1891年的饥荒使国内局势动荡，对俄国在国际市场上作为粮食供应商的地位也有一定程度的影响。1892年，由于农业危机，小麦出口的绝对量减少，从而导致俄国彻底失去了英国市场上最大粮食供应国的身份：在随后的10年间，美国成为英国的主要粮食供应国，俄国则退居其后。

国际贸易中的其他粮食——黑麦的情况与小麦截然不同。19世纪末，出口到欧洲的黑麦有其自身的特点：俄国的黑麦出口几乎垄断了国际市场。由于1892年粮食歉收，俄国的黑麦出口缩减，最主要的黑麦进口国的黑麦进口量也随之减少。1893年，俄国的出口水平因储备匮乏而未能恢复，欧洲黑麦交易量最大的市场——俄国和德国之间爆发了关税战，而黑麦的出口相比其他粮食的出口受到了更大的影响①。从1894年起，俄国在欧洲黑麦市场上再次恢复昔日的地位，并将这种地位保持到以德国为代表的强劲竞争对手出现之前。

---

① 自1891年末起，德国陆续与众多西欧国家签署了贸易协定，其中特别提到粮食进口税的问题。因关税差异，俄国对德粮食出口处境艰难。1893年6月1日，对于未对俄国出口提供优惠条件的国家，俄国决定从1893年6月20日起对德国商品提高关税并将附加税由20%提高到30%。为应对此项政策，德国对俄国输入商品的通用税率也提高了50%，这又引起俄国再次提高德国商品的进口关税，与二者存在密切商业联系的国家随即加入了关税战。1894年3月8日，俄德贸易关系正常化，双方于1894年初签订了贸易协定。应该指出，受关税战影响最小的是出口到德国的大麦，影响最大的是出口到德国的黑麦，二者的差异源自1893年关税战与德国通用税率的不同。德国的通用税率为：大麦每普特8.5戈比，燕麦每普特15.1戈比，小麦和黑麦每普特19.0戈比。最新的附加税对于更廉价的粮食——黑麦的负担更加沉重。

如上文所述，农业危机对畜牧业的影响较小，因此危机对饲料作物——大麦生产及贸易的影响也不大。在欧洲粮食市场上出现了下列情况。从1893年起，英国和德国对饲料，尤其是大麦的进口量增加，同时俄国向上述两国输出的大麦份额也有所上升，所以俄国在英国市场上的地位进一步提升（英国进口俄国产的大麦份额上升），尽管俄国和德国之间的关税战已经开始，但俄国并未放弃德国市场。欧洲市场对大麦的需求增加，即使在欧洲农业危机期间，俄国在主要粮食消费国的地位仍然比较稳定，这促使俄国加大了大麦的生产和出口。

由此可见，在欧洲粮食危机的背景下，由于俄国1891年严重的粮食歉收，四种主要粮食的出口结构发生了变化。德国和俄国的关税战使当时的俄国粮食出口结构暂时稳定，正是上述各种条件的共同作用决定了俄国第一阶段粮食出口结构变化的特点。

1894~1895年，俄国1893年粮食歉收和俄德关税战导致的俄国粮食出口不振局面基本得以缓解，但是在欧洲农业危机的影响下，粮食出口不振的某些后果不利于俄国粮食出口的持续稳定。因为欧洲农业危机对欧洲黑麦和大麦国际贸易的影响相对较小，所以上述出口结构的变化对黑麦而言是暂时的，随后几年，黑麦在主要粮食出口总量中的比重开始上升，而大麦在粮食出口中的作用日益增强，且在随后几年也保持了同样的地位。

1899年，由于小麦特别是大麦产量比例的降低，以及黑麦与燕麦产量比例的提高，四种粮食的产量结构发生变化。1900年，粮食出口结构发生了同样的变化，但是这些变化也受到了国内和国际市场局势的影响。

应该指出，1899~1900年，国际市场上黑麦、小麦和燕麦的价格走低，虽然国内粮食丰收，但俄国出口的粮食减少。此外，19世纪末，俄国在欧洲小麦市场上的境况不佳；19世纪90年代上半期，这一趋势持续。1898年，英国的小麦进口结构变化明显：从俄国输入的小麦大幅减少。1899~1900年，美国、阿根廷和俄国在德国小麦市场上角逐。法国大幅度减少小麦的进口，是因为它主要从其殖民地进口，而对其他国家小麦的热情则一落千丈，俄国对法国出口的小麦微不足道。意大利和荷兰从俄国进口的小麦数量也低于往年。

欧洲小麦市场的激烈角逐导致19世纪末俄国小麦在所有出口的粮食中所占比例大幅下降。19世纪最后10年中，1895年小麦出口最多，俄国72个省的小麦出口比重达到了34.5%，1896年为32.1%，1897年为37.7%，1898年降至23.7%，1899年跌落到14.2%，1900年输出了当年小麦产量的16.6%。在这种情况下，1898~1900年俄国小麦收成良好，超过了前三年的产量。在1899年整个俄国小麦丰收的情况下，小麦的出口量仍大幅减少，这是因为在小麦出口重要地区（比萨拉比亚、乌克兰南部地区以及顿河流域）出现了歉收。

19世纪90年代，国际市场形势与俄国国内状况均发生了变化。继某些部门主要是轻工业部门生产过剩的局部性危机之后，俄国工业高涨。工业复苏使工业人口增加，居民购买力增强，因而俄国对"工业粮食"——小麦的需求量上涨。重要的铁路统计资料显示，较之小麦的出口运输，小麦的国内运输更占优势（1897年国内运输额占比达到30.1%，1898年为37.1%，1899年为60.3%，1900年为57.6%）①。

---

① 根据 П. И. 梁申科提供的铁路统计资料数据计算（см.：Лященко П. И. Зерновое хозяйство и хлеботорговые отношения России с Германией в связи с таможенным обложением. Пг.：тип. Ред. период. изд.，1915. C. 28）。

对俄国而言，国际大麦市场比小麦市场更有利可图。在19世纪的最后几年，欧洲逐渐摆脱了农业危机。各个国家将发展主要包括畜牧业在内的其他农业经济作为摆脱农业危机的途径之一。德国与英国是欧洲市场上最主要的大麦进口国，由于二者对大麦的需求量巨大且进口不足，俄国便在其大麦市场上占据了主导地位。因1899～1900年大麦歉收，1900年俄国大麦出口缩减，俄国对德国大麦出口的绝对量和相对量均减少，同时俄国对所有国家的大麦出口都在缩减。在此情况下，英国从美国和土耳其进口的大麦增加，然而德国的大麦进口却未另觅他途。

在俄国的粮食出口中，若小麦和大麦的比例下降，黑麦尤其是燕麦的比例就会上升。根据国内外铁路运输的黑麦和燕麦资料，后者呈现有利的转变：1900年国内运输的黑麦和燕麦的数量与1899年相比基本保持不变，但国外运输方面，黑麦运输量的增长超过了1200万普特，而燕麦则超过了3100万普特①。

1899～1900年，俄国黑麦和燕麦的收成是以往10年的最高水平，这些"剩余的"粮食流向了国外。继1892～1893年黑麦出口减少之后，俄国再次在德国和荷兰市场上处于领先地位：出口到这些国家的黑麦有一半以上来自俄国。1899年美国黑麦供应量超过了俄国，而1900年俄国在英国黑麦市场上摘得桂冠：其出口的黑麦数量超过了美国。1900年，俄国粮食出口结构中，燕麦的出口变化最大。1898年俄国燕麦出口量达到2530万普特（在四种出口

---

① 根据 П. И. 梁申科提供的铁路统计资料数据计算（见：Лященко П. И. Зерновое хозяйство и хлеботорговые отношения России с Германией в связи с таможенным обложением. Пг.：тип. Ред. период. изд., 1915. С. 28）。

粮食中占6.7%），1899年为2850万普特（占10.5%），1900年为8000万普特（占23.3%）。尽管德国的粮食产量很高，英国和法国的粮食也能自给，但上述三国1900年进口的燕麦仍比1899年有所增加（英国增长了0.3倍，德国增长了0.8倍，法国几乎增长了1倍）。这并不矛盾，因为西欧对饲料的需求增加，大麦明显供不应求。俄国向这些国家出口的燕麦份额大幅提升，英国和法国进口的燕麦有一半以上来自俄国，德国从俄国进口的燕麦较以前也有所增加，除个别年份外，俄国向德国供应了其全部进口燕麦的很大一部分。

由此可见，1900年俄国粮食出口结构的变化是国内外因素共同作用的结果。19世纪末，在欧洲农业危机的条件下，俄国粮食出口结构发生了变化。正是通过农业危机及其对某些粮食贸易的影响，我们才能解释始于19世纪90年代下半期的俄国粮食出口特点的变化（即粮食和饲料在粮食出口中呈现分离倾向以及某些粮食出口量的变化逐渐失调）。

从19世纪90年代上半期开始，在俄国出口的四种粮食中，大麦出口的绝对量和相对量扩大，成为其粮食出口结构变化的稳定趋势，这在一定程度上是俄国农业适应农业危机和适应市场行情的结果。低产所造成的大麦出口量减少并未削弱俄国在国际粮食贸易中的地位。饲料供不应求导致欧洲粮食市场对另一种饲料——燕麦的需求增加，1899~1900年俄国燕麦大丰收，俄国得益于此，从而填补了大麦出口的缺口，并增强了自身在欧洲市场上的地位。

欧洲粮食危机和19世纪90年代上半期俄国粮食出口低迷对国际粮食——小麦、黑麦的贸易产生了不同的影响。如果说俄国在国际黑麦市场上迅速恢复了自身的地位，那么在国际小麦市场上，俄国则受到了已取代其地位的同样向西欧供应小麦的那些国家的抵制。

19世纪末20世纪初，俄国粮食出口量下降，这是因为欧洲小麦市场竞争加剧以及俄国向国际大麦和小麦市场出口机会不足。这种结构变化并不稳定，20世纪初，在俄国出口的四种粮食中，小麦和大麦的比重再次上升，这是因为影响其出口的因素弱化，尤其是俄国与西欧国家找到了解决农业危机的良方。

20世纪初俄国粮食出口的特点是四种主要粮食的出口总量有所增加，其中小麦和大麦的出口比例上升，而黑麦和燕麦的出口比例下降。1905年俄国出口结构变化明显，上述某些粮食的出口趋势受到干扰：直到1909年小麦出口份额持续下降，大麦出口份额也有所下降，不过从1906年起便开始回升，燕麦的出口份额大幅上升（在本书所研究时期，1905年燕麦出口量最高，为12.63亿普特），但是随后又开始下降。

20世纪初，俄国小麦种植面积不断扩大，小麦产量大幅增加，尽管国内需求旺盛，但是也兼顾了增加出口的可能性。美国（俄国在欧洲市场上的主要竞争对手）在1902年对欧洲的出口量达到高峰，之后便缩减了对欧洲的出口规模，因此俄国对欧洲的出口重获优势。出现这一现象的主要原因有二：一是美国国内对小麦的消费量增加；二是美国对欧洲的小麦出口改为面粉出口。19世纪末20世纪初，在德国和荷兰市场上，虽然俄国小麦受到美国的大力压制，但最终俄国成为两国市场上最主要的小麦供应国。同时，俄国巩固了其在英国市场上的地位，不过在此又遇到了来自英国殖民地和阿根廷的挑战。俄国优质的小麦品种在意大利市场独领风骚，由于意大利通心粉和奶油饼干的生产更加青睐俄国小麦，因此俄国对意大利的小麦出口不断增长。

如此一来，俄国小麦出口到欧洲市场或某一欧洲国家的形势一片大好。在此期间小麦出口量增加，小麦总产量的近1/4销往国外（1903年在72个省和地区中的出口比例达到24.7%，1904年为25.4%，1905年为27.8%）。

1905年，俄国小麦出口没有发生剧烈变化。当年，小麦出口量甚至略微超过往年。虽然小麦出口量增加了，但是在四种出口粮食中所占的比例在当年及接下来的三年持续下降（1907~1908年小麦占四种出口粮食的比例分别为16.7%和9.5%）。从1901年开始，小麦在出口粮食中的比例攀升，1905年开始下降。俄国小麦出口复兴靠的是小麦的丰收和美国对欧洲小麦市场影响的削弱，不过还有另外一个原因：1904年俄国与德国之间缔结了贸易协定。该项于1906年3月1日生效的贸易协定规定，德国对俄国小麦进口征收的关税从每普特26.5戈比提高到41.7戈比。1904~1905年，由于俄国向德国出口粮食具有投机性，因此贸易协定生效后小麦出口自然也减少。俄国同德国之间的贸易协定也影响到其他粮食的出口，尤其是大麦的出口。

1902~1905年的大麦收成不错，在出口的四种主要粮食中大麦的比例上升，这种状况持续到1904年。1905年欧俄64个省中大麦产量只比1904年少了近百万普特（占1904年产量的0.25%），但其出口量则减少了1.36亿普特（占1904年出口量的8.9%）。直到1904年俄德签署贸易协定，俄国储存大麦的状况才发生了变化。根据俄德贸易协定，德国对俄国大麦不再实行统一税率（每普特15.2戈比），而是实行差别税率（酿造啤酒用大麦每普特30.3戈比，饲料用大麦每普特9.9戈比）。1906年，俄国大麦歉收严重（欧俄64个省中大麦的收成比1904年减少4700万普特，即歉收产量相当于1904年收成的1/10）。然而1906年俄国大麦出口量却比丰收的1905年足足多出1.05亿普特。在出口的四种粮食中大麦的比例攀升，大麦和小麦在俄国粮食出口中居主导地位。

俄国以出口饲料用大麦为主，德国对俄国进口关税降低对其大麦的出口产生了强烈的刺激作用。俄国大麦出口猛增，大部分流入了德国。德国对饲料用大麦的大量需求刺激了俄国对出口大麦的生产：扩大大麦的种植面积，尤其是在北高加索地区（第一次世界大战前四年与19世纪最后四年相比，俄国72个省和地区的大麦种植面积扩大了0.4倍，而北高加索的四个地区扩大了1.7倍）。德国对大麦进口实行差别税率也影响了其饲料的进口结构：之前玉米进口填补了大麦进口的缺口（如1892年和1900年），贸易协定生效后玉米进口在饲料中所占的比例明显下滑①。

俄国与德国于1904年签订的贸易协定对俄国燕麦出口产生了短暂但异常强烈的影响。根据协定，德国将燕麦的进口关税由每普特21.2戈比提高到37.9戈比（每普特提高了16.7戈比），这使德国的燕麦进口陷入窘境。但由于俄国急于销售1904年与1905年丰收的燕麦，仅1905年一年燕麦的出口量便为常年的1~2倍，因此缓解了德国的困境。在此情况下，燕麦在粮食出口结构中的比例急剧上升。从1906年起，燕麦的出口及其在粮食出口中的比例开始下降。

与其他粮食品种的出口相比，俄国黑麦的出口更多地与德国市

---

① 德国降低大麦关税，但同时又提高了玉米的关税。

场的状况与变化有关。如前文所述，19世纪末，德国是黑麦的主要进口国，俄国是黑麦的主要出口国。第一次世界大战前，德国成为俄国在欧洲黑麦市场上的主要竞争对手。早在1894年，德国就已经出口大量的黑麦，但是直到20世纪初才开始减少黑麦的进口，同时增加了黑麦的出口。德国在欧洲黑麦市场上力排俄国，从而使俄国粮食出口中黑麦的份额持续走低。第一次世界大战前，俄国出口黑麦的绝对量减少。

总之，俄德于1906年开始生效的贸易协定对1905年俄国的粮食出口结构产生了明显的影响。1905年俄国粮食出口结构的明显变化与临时性的投机贸易有关，但该协定则具有更为深远的意义。该协定为俄国向德国出口大麦创造了有利的条件，该协定无论是对进口国的经济还是对出口国的经济都产生了重要影响：德国的畜牧业对俄国供应大麦的依赖性更强（在大麦产量降低和玉米在饲料中所占份额降低的情况下），因此俄国努力提高大麦的单产，同时扩大了大麦的种植面积。

1908年，在出口的四种主要粮食中小麦的比例剧减，大麦的比例大幅上升，但在1909年小麦的份额再次骤升，而大麦的份额则降低。黑麦和燕麦的比例不再保持不变且走向也不再一致：黑麦的份额降低，而燕麦的份额则上升。

在所研究时期俄国粮食出口结构变化的那些年，国际粮食市场形势发生了变化。从1906年开始，美国重新增加了粮食中小麦的出口，不过不及之前的规模。美国的小麦主要流入了英国，增强了美国在英国市场上的地位，同时动摇了俄国的地位。但是，两国在英国小麦进口中并未占有主导地位，其总出口量仅是英国小麦进口量的1/3左右，其余则由阿根廷和英国殖民地提供。从1906年起，美国加大了对德国和荷兰小麦出口的力度，俄国对上述两国的小麦出口则大为缩减。只是在1909年俄国对英国的小麦出口才超过美国，并在德国和荷兰的市场上居主导地位，然而好景不长，从1912年起，俄国被美国、阿根廷和英国殖民地共同排挤出英国小麦市场。

在欧洲小麦市场上，俄国的地位不稳定（唯有在意大利相对稳定），主要与其作为供应国的潜力有关。俄国的出口潜力既取决于其小麦产量，也取决于其国内的小麦消费量。国内小麦运输资料（1906年运输量为12.14亿普特，1907年为12.86亿普特，1908年为12.95亿普特）①证明了国内对小麦的消费量呈现稳定增长的态势。1906~1907年俄国小麦歉收，出口减少，储量萎缩，因此，即使1908年小麦收成增加，俄国小麦出口的情况也依然不佳。1909~1910年俄国小麦收成喜人，但1911年的歉收再次导致小麦储备枯竭，并削弱了俄国在欧洲小麦市场上的地位。

俄国在国际大麦市场上比较有利，在饲料用大麦贸易中占据领先地位。1908~1909年，俄国大麦收成良好，其产量的1/3左右用于出口。大麦份额在粮食出口中先是骤增（1908年），而后（1909年）降低，其原因并非大麦出口量发生了变化（1908~1909年大麦出口持续增长），而是四种主要粮食的总出口量不同（1909年的总出口量是1908年的2倍多），并且小麦在粮食出口中的份额

---

① Лященко П. И. Зерновоехозяйствоихлеботорговыеотношения Россиис Германиейвсвязистаможеннымобложением. Пг.: тип. Ред. период. изд., 1915. С. 28.

增加（由于国内消费量减少）①。

从1908年开始，德国黑麦的出口规模超过了其进口规模，德国黑麦大量出现在荷兰甚至俄国市场上。在俄国出口的四种主要粮食中黑麦的比例下降，到第一次世界大战前一直未超过8.4%，同时黑麦的出口量也在减少。

1905年投机贸易之后，俄国燕麦的出口量急剧减少，在出口的四种粮食中的比例也有所下降。从1908年起，燕麦在出口的四种粮食中的比例开始回升，但在1912~1913年则再度下降，这与德国燕麦出口增加有关。

总之，1908~1909年俄国粮食出口结构发生了变化，其原因有二：一是俄国作为粮食供应国具有较大的潜力；二是以德国为代表的强有力的竞争对手的出现，使欧洲粮食市场竞争加剧。

这样，从19世纪90年代下半期开始到1906~1907年，俄国的粮食出口先是在面向出口的粮食与传统上国内需求大的粮食之间展开竞争，而与此前阶段相比，两者的竞争最终转向粮食与饲料间的竞争。在欧洲粮食危机及其产生的后果的影响下，粮食与饲料用粮在出口中分道扬镳。欧洲粮食危机对饲料用粮出口的影响不容忽视，最终引起国际市场对大麦的需求猛增。俄国为适应农业危机的市场行情，大力增加面向出口的大麦的产量，但是并未满足欧洲市场对饲料用粮增长的需求，由此，其他饲料用粮尤其是燕麦，便被吸引到了欧洲市场上。上述情况导致俄国粮食的出口重心逐渐转移到饲料用粮上，以及由一种饲料用粮取代另一种饲料用粮。

---

① 1909~1910年俄国国内小麦运输增量缩减，这可能与1908~1909年的工业危机有关。

而一种粮食取代另一种粮食的过程主要是由国际粮食市场的条件决定的。19世纪末，俄国在国际黑麦市场上处于垄断地位，欧洲小麦市场竞争加剧，削弱了美国在国际小麦市场上的出口竞争力。20世纪初，欧洲黑麦市场上出现了德国等竞争对手，上述情况在很大程度上解释了俄国粮食出口比例变化的原因。

在本书所研究时期，俄国的粮食出口结构发生了两次变化（1900年和1905年），而这种结构变化背离了俄国以粮食出口为主的基本趋势。引起俄国粮食出口结构变化明显的因素，对两次结构变化的影响都是短暂的，但是引起1905年粮食出口结构短暂变化的那些因素，在接下来的几年里改变了俄国的粮食出口结构。

下一阶段开始的俄国粮食出口结构的变化与前一阶段息息相关。1904年俄德贸易协定导致俄国粮食出口性质发生变化（传统上国内需求量大且需要大量出口的粮食，被其他出口粮食迅速取代，后来以出口饲料用粮为主）。1908～1909年粮食出口结构的变化并未改变不同粮食的出口比例。

通过分析粮食出口结构的变化，不难看出国内外哪些因素影响俄国的粮食出口。大麦、黑麦和燕麦出口结构的变化体现出欧洲农业危机如何影响某些粮食作物的生产及其在国际市场上的交易，同时俄国粮食出口更加依赖于德国的外贸政策。诸如俄国粮食产量的波动及其商品性农业发展速度等因素也造成了大麦出口增长以及黑麦与燕麦出口缩减过程的一再延续。俄国小麦的出口规模取决于国内小麦消费的增长情况、欧洲小麦的市场行情，以及小麦出口竞争的强弱。

上述因素及其他因素相互交织决定了1890～1914年俄国粮食出口在三个阶段的变化特点。

第二节 小麦出口

以俄国出口粮食的实物形式（1908年、1911~1913年除外）和价值形式计算，小麦居首位①。俄国小麦的出口规模受诸如俄国商品性农业发展、国内小麦需求增加，以及俄国在欧洲小麦市场上的地位等因素的影响，而国际市场行情以及俄国同小麦进出口国之间的贸易关系及其变化对其影响更甚。

19世纪末20世纪初，美国是俄国小麦出口最主要的竞争对手（见表2-3）。美国国内小麦需求量巨大，小麦消费量占小麦总产量的比例也有所提高。1902年美国小麦出口几乎达到顶点，但因其国内小麦需求量上涨，此后小麦出口便开始减少。美国向欧洲地区的小麦出口主要集中于英国、比利时、德国和法国。在所研究时期，美国对某些国家的小麦出口变化颇大，结构性变化最大的年份出现在1892~1893年、1898年和1906年（见表2-4）。与以往年份相比，上述年份美国的小麦出口量也有所增长。

表2-3 世界小麦市场上俄国和美国的小麦出口情况

年份	出口量（百万普特）		占总出口量的比例（%）			占总产量的比例（%）	
	所有国家	美国	俄国	美国	两个国家共计	俄国	美国
1890	461	90	39.9	19.5	59.4	52.1	13.6
1891	457	91	39.4	19.9	59.3	62.7	9.0
1892	633	261	13.4	41.2	54.6	15.8	30.5

---

① Обзор внешней торговли России по европейской и азиатской границам. Спб.: Ежегодник Министерства финансов, 1891-1915/16.

续表

年份	出口量(百万普特)		占总出口量的比例(%)			占总产量的比例(%)	
	所有国家	美国	俄国	美国	两个国家共计	俄国	美国
1893	626	194	25.4	31.0	56.4	21.7	29.5
1894	677	147	30.9	21.7	52.6	31.9	19.2
1895	636	126	37.9	19.8	57.7	38.5	16.2
1896	613	101	36.5	16.5	53.0	36.9	14.2
1897	513	132	42.3	25.7	68.0	45.6	15.0
1898	662	246	27.6	37.2	64.8	27.0	21.9
1899	595	231	18.6	38.8	57.4	14.7	25.4
1900	669	169	18.2	25.3	43.5	17.4	19.4
1901	647	219	22.1	33.8	55.9	19.3	17.6
1902	764	257	24.7	33.6	58.3	18.7	23.1
1903	849	190	30.7	22.4	53.1	25.3	17.9
1904	871	73	33.0	8.4	41.4	25.9	8.4
1905	895	7	32.7	0.8	33.5	27.7	0.6
1906	833	58	27.1	7.0	34.1	26.7	4.8
1907	784	127	18.6	16.2	34.8	17.2	12.1
1908	810	167	11.5	20.6	32.1	9.8	14.9
1909	899	111	35.6	12.3	47.9	24.6	8.9
1910	751	77	50.7	10.2	60.9	29.6	6.6

资料来源：Для столбца 1 – ЦГИА СССР. Ф. 560. Оп. 26. Д. 998. Л. 8；для столбца 2 – ЦГИА СССР. Ф. 23. Оп. 10. Д. 668. Л. 1 – 2. Остальные столбцы расчетные. Для вычисления 3-го и 5-го столбцов использованы вышеуказанные источники. Расчет 6-го и 7-го столбцов базировался на данных, взятых из：а）ЦГИА СССР. Ф. 560. Оп. 26. Д. 998. Л. 7；б）Сборника статистико-экономических сведений по сельскому хозяйству России и иностранных государств（Спб.：Тип. Ис. Ф. Вайсберга, 1907 – 1912）。

表 2-4　美国小麦出口在主要小麦进口国中的比例

年份	小麦进口所占比例(%)					σ
	比利时	法国	德国	英国	其他国家	
1890	6.9	7.1	0.1	70.3	15.6	—
1891	7.3	25.1	0.5	54.1	13.0	7.174
1892	12.4	26.8	4.8	4.5	51.5	14.147

续表

年份	小麦进口所占比例(%)					σ
	比利时	法国	德国	英国	其他国家	
1893	7.5	6.4	2.7	61.9	21.5	27.713
1894	7.9	9.8	2.0	57.5	22.8	1.549
1895	6.7	2.1	3.3	71.4	16.5	3.490
1896	5.5	0.2	1.5	72.0	20.8	2.010
1897	4.8	0.3	3.8	70.1	21.0	1.928
1898	7.5	20.3	2.2	54.1	15.9	36.612
1899	11.3	1.6	7.4	53.5	26.2	6.174
1900	8.3	1.2	8.9	61.6	20.0	1.973
1901	8.3	0.9	7.8	59.5	23.5	0.946
1902	10.1	2.1	12.7	50.1	25.0	2.579
1903	9.9	2.7	12.8	38.2	36.4	2.864
1904	9.5	1.7	16.9	53.3	18.6	4.046
1905	1.4	0.1	2.3	88.9	7.3	7.188
1906	5.8	10.9	9.1	44.2	30.0	35.964
1907	13.5	5.1	11.0	34.1	36.3	4.164
1908	13.0	2.2	12.3	43.7	28.8	2.464
1909	12.9	5.6	14.1	36.5	30.9	2.619
1910	12.8	1.8	11.5	47.7	26.2	2.685
1911	10.4	15.4	3.1	47.6	23.5	10.470
1912	13.4	1.2	5.0	52.3	28.1	4.061
1913	11.8	5.5	13.4	35.4	33.9	6.019

注：①表格中呈现的是作者的计算结果；②表格中最后一栏是结构变化系数。

资料来源：Сборник статистико-экономических сведений по сельскому хозяйству России и иностранных государств. СПб.：Тип. Ис. Ф. Вайсберга，1907－1916。

与前两年相比，1892年美国的小麦出口量增长近2倍，其出口结构随之发生变化，其中出口到英国的小麦绝对量和相对量减少，出口到比利时的小麦绝对量增加，以往出口到德国的小麦虽然不多，此时却猛增近28倍。1892年美国的小麦出口范围急剧扩大，半数以上的小麦出口到以往不曾进口其小麦的其他国家，但是1892年美国小麦出口结构的变化并未对之后的出口结构产生本质性影响。1893年美国小麦出口重返老路,再度以英国为主要出口对象,对比利时和法国的出口次之,对其他国家的出口减少。美国对德国的小麦出口发生了一定变化,1890~1891年美国对德国小麦出口微不足道,而从1892年起,德国则在一定程度上定期进口美国小麦。

1898年,根据进口国资料统计,鉴于当年的粮食高产,美国小麦出口结构变化是在出口增加的情况下发生的(比前一年增长0.9倍)。美国小麦出口到英国的绝对量比上年增长近0.5倍,但英国在美国小麦出口中的份额降低,而出口到法国的小麦份额则激增(波动不大)。这次结构变动使英国在美国出口小麦中的作用逐渐下降。

1906年的结构性变化也与当年美国小麦出口量大幅增加有关。比利时进口美国小麦的比例上升,而英国进口美国小麦的比例下降成为这一转变的决定性因素,直至所研究时期的最后阶段,这一决定性因素仍然主导着美国出口结构的变化。

因此,俄国在国际市场上的主要竞争对手的小麦出口极不稳定。美国小麦出口骤增与其对小麦进口国出口份额的调整息息相关。这些结构性变化在很大程度上取决于其与法国的冲动性贸易①,同时也是与其他小麦消费国关系的"转折点"。1892~1893年的出口结构变动表明德国加入了美国小麦进口国之列,而从1898年和1906年的出口结构变动中可以窥探出英美贸易关系不容乐观。不过在整个研究时期,英国仍然是美国小麦的主要消费国,

---

① 法国的小麦进口随时间呈现严重的不均衡性,粮食歉收导致进口猛增。因此,1891年和1897年小麦歉收使1891~1892年和1898年俄国粮食进口增加。

但其在美国小麦出口中的份额逐渐下降。

20世纪,阿根廷、加拿大和澳大利亚竞相出口小麦,俄国和美国在世界小麦市场上的角逐更趋激烈(见表2-5)。

表2-5 世界主要国家小麦(原麦和面粉)出口量及其占比

单位:百万普特,%

国家或地区	1890~1899年		1900~1909年	
	出口量	占比	出口量	占比
美国	2437	41.49	2218	27.65
阿根廷	501	8.53	1367	17.04
加拿大	234	3.98	623	7.77
东印度群岛	415	7.07	495	6.17
澳大利亚	48	0.82	380	4.74
罗马尼亚	434	7.39	617	7.69
俄国	1793	30.53	2087	26.02
其他	11	0.19	234	2.92
合计	5873	100	8021	100

资料来源:依据ЦГИА СССР. Ф. 560. Оп. 26. Д. 998. Л. 13 计算。

1890~1899年,美国在世界小麦出口中占据主导地位(41.49%),俄国位居第二(30.53%),两国出口的小麦合计占世界市场的72.02%。1900~1909年,美国和俄国仍然是世界市场上主要的小麦供应国,但与1890~1899年相比其份额下降(下降至53.67%),阿根廷(在世界小麦出口市场中的份额从8.53%上升至17.04%)、加拿大(从3.98%上升至7.77%)与澳大利亚(从0.82%上升至4.74%)的份额上升。

上述小麦出口国以出口原麦为主,仅美国以出口面粉为主。1890~1899年和1900~1909年,美国在原麦和面粉出口方面的优势明显,但是根据出口资料,俄国原麦出口多于美国。1890~1899

年俄国和美国原麦出口分别占世界的30.5%和28.0%，1900~1909年这一数据则分别为25.9%和17.2%①。

在欧洲，德国、意大利、荷兰和英国是俄国小麦的主要消费国，其中英国市场最大。虽然英国人均小麦消费量相对较低，为162.5千克（比利时为228千克，法国为223.5千克）②，但其小麦自给率仅为20%~30%。以往俄国向英国市场提供的小麦数量相当少且波动较大。出现波动的部分原因是英国从其殖民地印度获得了粮食，不过印度的粮食生产和出口极其不稳定。若歉收，印度甚至不能自给，即便是丰年也仅能供应英国进口小麦的20%左右。

美国是俄国在英国市场上的主要竞争对手，由于欧洲市场更有利可图（市场巨大且免税），因此美国大力排挤俄国小麦。从1903年开始，美国对英国的小麦出口减少，有些年份俄国出口的小麦甚至超过了美国。但是需要指出的是，美俄两国在英国小麦市场上的综合影响力下降，1903年前，两国向英国提供了其小麦进口的半数以上，但从1903年起，阿根廷成为两国在英国小麦市场上的有力对手，同时加拿大也增加了对英国的小麦出口。

德国小麦市场容量居欧洲第二位。第一次世界大战前，德国人均消费小麦仅为86千克③，因为德国主要依赖黑麦，但是德国对小麦的需求量依然很大且小麦自给率仅为2/3左右。

与英国的自由贸易市场不同，德国依靠高关税来保护本国农

---

① 计算数据依据：ЦГИА СССР. Ф. 560. Оп. 26. Д. 998. Л. 8；Ф. 23. Оп. 10. Д. 668. Л. 1-2.
② Лященко П. И. Русское зерновое хозяйство в системе мирового хозяйства. М.：Госиздат，1927. С. 31.
③ Лященко П. И. Русское зерновое хозяйство в системе мирового хозяйства. М.：Госиздат，1927. С. 31.

业。直到1894年2月前，进口的每普特小麦征收的关税为38.9戈比，2月10日之后每普特小麦征收的关税减少到26.5戈比，而从1906年3月1日起，每普特小麦征收的关税提高到41.7戈比①。

除个别年份外，在所研究时期，俄国是德国小麦市场的主要供应国。1892~1894年，德国进口结构大幅变动。因1891年俄国粮食歉收，1892年俄国对德国的出口减少，而美国则加大了对德国的出口。1893年，因俄德关税战，俄国对德国的小麦出口大幅缩减（仅占德国进口量的3.1%）。而美国与罗马尼亚、阿根廷等国家对德国的小麦出口增加。从1894年起，俄国力排竞争对手，重占德国市场。19世纪与20世纪之交，美国力排俄国小麦，两国对德国的出口下降时美国却未能重整旗鼓，俄国才得以重占德国小麦市场。但是阿根廷又在德国市场上向俄国发起挑战，虽然其对德国的小麦出口并未常态化，但在某些年份占据上风。1907~1908年，由于俄国粮食出口形势不利，仅阿根廷一国对德国的出口量就几乎相当于俄国和美国出口粮食之和。从1909年起，俄国在德国小麦市场上处于领先地位，但在第一次世界大战前（1912~1913年），俄国就已不能主导德国的小麦市场，因为德国小麦进口国的范围扩大，特别是从澳大利亚和东印度群岛输入大批小麦，这使传统竞争对手（俄国、美国和阿根廷）在德国市场上的差距进一步缩小。

荷兰也是欧洲大型的粮食市场，俄国在荷兰的地位稳固。荷兰粮食市场主要是过境贸易，其国内消费量占所有小麦进口量的20%

---

① Брошниовский А. К. Условия сбыта русских хлебов за границу при действующем в некоторых государствах Западной Европы высоком таможенном обложении привозного зерна. Пг.: тип. В. Ф. Киршбаума, 1914. С. 49.

以下，其余大部分沿莱茵河被运往德国，少部分运往瑞士。俄国在免税的荷兰市场上的主要竞争对手是美国、阿根廷和罗马尼亚。

意大利对俄国小麦的需求稳定，因为意大利通心粉和饼干的生产兴起，而此类生产格外青睐俄国的硬粒小麦。意大利之所以需要进口小麦，是因为国产软粒小麦只能满足内需的 20% 以下①。意大利对进口粮食课以重税。至 1894 年 2 月，每普特进口小麦的关税为 30.7 戈比，2 月 21 日，关税增长到 43 戈比。1894 年末，每普特小麦的关税增至 46.1 戈比，这种高关税一直持续到 1898 年 1 月 25 日。1898 年，关税屡次变动②——从完全取消关税到一度恢复到每普特 46.1 戈比。从 1898 年 8 月 16 日开始，这一关税持续了数年，未发生任何变化。可见，意大利小麦的进口关税超过了德国（每普特 41.7 戈比）和奥匈帝国（每普特 40.7 戈比）。

意大利小麦进口实行退税制。这种制度可以免税输入一些商品，当这些商品在国内进行加工再销往国外时也可享有免税特权。1908~1912 年，年均 21.7% 的硬粒小麦和 7.1% 的软粒小麦是在不支付关税的情况下进口的③。毫无疑问，俄国在硬粒小麦的供应方

---

① 用于计算的原始数据参见：Брошниовский А. К. Условия сбыта русских хлебов за границу при действующем в некоторых государствах Западной Европы высоком таможенном обложении привозного зерна. Пг.：тип. В. Ф. Киршбаума, 1914. С. 280。
② 详见：Брошниовский А. К. Условия сбыта русских хлебов за границу при действующем в некоторых государствах Западной Европы высоком таможенном обложении привозного зерна. Пг.：тип. В. Ф. Киршбаума, 1914. С. 275。
③ 用于计算的原始数据参见：Брошниовский А. К. Условия сбыта русских хлебов за границу при действующем в некоторых государствах Западной Европы высоком таможенном обложении привозного зерна. Пг.：тип. В. Ф. Киршбаума, 1914. С. 287。

面处于领先地位①，因此，与其他国家相比享有更多临时出口免税政策优惠。

在所研究时期，意大利进口的小麦绝大部分来自俄国。俄国向意大利出口的小麦仅在第一次世界大战前相对缩减（意大利对俄国小麦进口量从1890年的2830万普特增加到1913年的5380万普特②），这是由于意大利的软粒小麦进口增加。俄国也在与他国争夺意大利软粒小麦市场，其中主要对手是罗马尼亚，美国和阿根廷也参与了软粒小麦的竞争。

俄国强有力地影响到容量有限的瑞士小麦市场。在瑞士进口的所有小麦中俄国的供应量高达40%~80%（平均约2/3），瑞士进口的其余小麦由多瑙河沿岸诸国提供，同时也进口美国和阿根廷的小麦。上述国家对瑞士小麦出口规模波动明显，有时多瑙河沿岸国家的出口占优势，但在所研究时期内，俄国在瑞士小麦市场上居主导地位。只是在第一次世界大战前，美国对瑞士的小麦出口超过俄国。

法国的小麦市场与欧洲诸国不同。第一，小麦进口波动很大，这在很大程度上取决于本国小麦的自给水平；第二，与其他国家相比，法国对其殖民地实行小麦进口免税政策，其中为其殖民地国家阿尔及利亚和突尼斯的粮食输入提供了优惠政策。因此，俄国、美国及罗马尼亚等国家对法国的小麦出口极不稳定。

---

① 仅在第一次世界大战前，美国农场主从俄国进口的小麦数量就相当可观。
② *Брошниовский А. К.* Условия сбыта русских хлебов за границу при действующем в некоторых государствах Западной Европы высоком таможенном обложении привозного зерна. Пг.: тип. В. Ф. Киршбаума, 1914. С. 90－91.

再来综合分析一下俄国本土市场的复杂和多变现象。我们将价格资料和一些辅助数据（关于出口、不同国家收获的小麦量等信息）作为研究的基础。

我们掌握的资料中有 10 个俄国地点和 10 个国外地点的价格信息表（见附表 5）。

小麦是俄国的主要出口作物。19 世纪 80 年代，俄国粮食生产中心向南部和东南部地区转移，商品性农业的集约化发展，且面向外部市场，导致俄国南部港口出口的粮食增加。从 19 世纪末起，俄国出口的小麦有近 90% 经南部港口输出①。因此，从小麦出口量来看，本书的研究首先要着眼于南部港口的价格。黑海和亚速海诸港口的出口价格反映了尼古拉耶夫、新俄罗斯、敖德萨、塔甘罗格和顿河畔罗斯托夫的小麦价格水平。在波罗的海港口中，里加在俄国小麦出口中的地位不同凡响，其价格也列在表中。俄国小麦价格以国内大型粮贸中心萨马拉、萨拉托夫和叶利茨的价格为代表。分析国外小麦价格应以消费俄国小麦的国家的主要贸易中心价格，以及俄国小麦的主要竞争对手美国的最大贸易港口价格为基础。由于奥匈帝国的市场具有一定的独立性，因此也有必要单独分析。

1894～1895 年，受世界农业危机的影响，各地小麦价格大幅下跌，回顾整个研究时期，1908～1909 年小麦价格涨幅最大，这与 1909～1913 年的工业化发展有关。

价格序列（结束阶段价格与初始阶段价格的差值）实际波动

---

① *Золотов В. А.* Хлебный экспорт России через порты Черного и Азовского морей в 60–90-е годы XIXв. Ростов/н/д: Изд-во Рост. ун-та., 1966. С. 98.

的幅度表明，俄国各地小麦价格呈整体上升趋势（见表 2-6）。至于国外方面，如布达佩斯，特别是维也纳的小麦价格涨幅较大。布达佩斯的小麦价格低于维也纳，这是由于匈牙利的小麦足以自给，甚至会将剩余部分输出国外，而奥地利则不得不从匈牙利和其他国家进口小麦。此外，奥匈市场高昂的关税造成该国市场一定程度的封闭①，这也可以解释其价格与欧洲价格脱节的原因。

表 2-6 小麦价格变化的一些重要指标

序号	(1)	(2)	(3)	(4)	(5)	(6)	(7)	(8)	(9)
1	5.3	96.46	1.07	0.12	$0.24t+1.07$	100.7	126.4	0.22	124
2	9.6	91.64	1.46	0.08	$0.16t+1.46$	86.2	121.3	0.11	133
3	5.1	90.00	1.14	0.08	$0.16t+1.14$	88.2	115.6	0.14	123
4	26.8	91.65	1.70	0.05	$0.10t+1.70$	79.1	119.8	0.06	151
5	8.8	93.03	1.50	0.08	$0.16t+1.50$	86.4	122.5	0.11	135
6	25.9	88.77	2.08	0.09	$0.18t+2.08$	77.2	127.2	0.09	158
7	24.5	90.14	2.08	0.09	$0.18t+2.08$	78.6	128.5	0.09	161
8	28.3	88.88	2.18	0.09	$0.18t+2.18$	75.6	128.0	0.08	168
9	7.9	81.78	1.04	0.10	$0.20t+1.04$	84.2	109.3	0.19	157
10	20.4	93.72	1.92	0.14	$0.28t+1.92$	91.1	137.1	0.14	161
11	11.0	78.69	1.26	0.14	$0.28t+1.26$	83.2	113.3	0.22	151
12	25.1	89.90	1.46	0.10	$0.20t+1.46$	87.5	122.4	0.14	162
13	31.0	92.26	1.70	0.12	$0.24t+1.70$	89.5	130.3	0.14	168
14	22.0	93.86	1.60	0.06	$0.12t+1.60$	83.7	122.1	0.08	148
15	19.6	98.33	1.46	0.14	$0.28t+1.46$	100.3	135.3	0.19	133
16	0.8	122.6	1.19	0.19	$0.38t+1.19$	135.2	163.7	0.32	120
17	5.7	139.45	1.48	0.25	$0.50t+1.48$	157.2	192.7	0.34	115

---

① 1906 年前，关税为每普特 19.4 戈比，自 1906 年起关税调整为每普特 40.7 戈比（См.: *Брошниовский А. К.* Условия сбыта русских хлебов за границу при действующем в некоторых государствах Западной Европы высоком таможенном обложении привозного зерна. Пг.: тип. В. Ф. Киршбаума, 1914. С. 293）。

续表

序号	(1)	(2)	(3)	(4)	(5)	(6)	(7)	(8)	(9)
18	1.5	120.36	1.08	0.18	$0.36t+1.08$	133.9	159.8	0.33	120
19	59.0	127.5	2.58	0.16	$0.32t+2.58$	120.1	182.1	0.12	170
20	54.9	114.46	2.28	0.19	$0.38t+2.28$	114.0	168.7	0.17	170
21	11.4	98.77	1.34	0.16	$0.32t+1.34$	106.6	138.7	0.24	122
22	-1.8	107.28	1.14	0.13	$0.26t+1.14$	112.1	139.5	0.23	119
23	2.4	106.95	1.18	0.15	$0.30t+1.18$	114.7	143.1	0.25	116
24	-0.1	103.27	1.18	0.10	$0.20t+1.18$	102.9	131.3	0.17	123
25	8.4	101.85	0.98	0.18	$0.36t+0.98$	115.7	139.3	0.37	119

注：表格中引用了如下指标：(1) 实际价格波动幅度；(2) $-a_0$；(3) $-a_1$；(4) $-a_2$；(5) 一阶导数；(6) 通过初始阶段数据均衡得到的价格水平；(7) 通过结束阶段数据均衡得到的价格水平；(8) $2a_2/a_1$，即函数"加速度"指标；(9) 相对于初始阶段，1908~1909 年价格上涨的比例。这些指标表示 25 个价格序列，表格的行号与附表 5 中的行号相对应。

国外其他贸易点的小麦价格涨幅不大，其中 3 个贸易点（柯尼斯堡、马赛和布雷斯劳）的涨幅较小，而 2 个贸易点出现了负增长（伦敦和纽约）。不难发现，1908~1909 年小麦实际价格波动幅度与价格上涨的比例之间具有直接联系，与这一时期最初的价格水平相当［比较表 2-6 的第（1）列和第（9）列］。俄国萨马拉和萨拉托夫的小麦价格是个例外，其实际平均价格远低于其他地区，这也可以在某种程度上解释所观察到的关系不相符的现象。实际上，一个地区价格的绝对增长值要比发展水平较低地区的相对增长值高一些。

因此，对所研究时期的初步分析显示，小麦价格差异缩小。俄国发展水平较低，价格涨幅较大，而国外发展水平较高，价格涨幅较小，有些地区甚至出现了负增长。此外，能够看出，价格差异缩小的影响表现为 1908~1909 年小麦价格的普遍上扬。然而，价格趋同的结论带有假设性质，因为这是基于若干指标的，并且这些指标会影响当年的价格水平。

我们分析价格时，不考虑价格的随机波动，而是重点比较价格的动态变化趋势。为解决此问题，我们采用了分类分析法。

我们将各地的小麦价格按照分类分析法划分成四组（见表2-7）。第四组包括俄国国内的若干贸易点（萨马拉、叶列茨）以及黑海与亚速海诸港口（新俄罗斯、敖德萨、尼古拉耶夫、塔甘罗格和罗斯托夫）的价格，其特点是总体价格水平较低，价格涨幅较大且平稳（全年平均为1.5~2.2戈比）。第一组除了德国的一些地点（曼海姆、柏林、布雷斯劳）和热那亚的价格之外，其他地点的价格水平较高，价格涨幅相对较小（平均每年净上涨1~1.5戈比），且随时间表现出不稳定性。第三组处于过渡阶段，其中包括俄国西部出口地点（里加、华沙）、俄国国内最大的粮食中心（萨马拉、萨拉托夫）和国外的粮食中心（伦敦、阿姆斯特丹、马赛、纽约）的价格。维也纳和布达佩斯的价格作为一个独立的小组（第二组），其价格涨幅大且平稳（维也纳的价格每年净上涨2.6戈比，布达佩斯的价格每年净上涨2.3戈比）。两地的独立性使其在初始阶段高水平的情况下依旧能够保持高增长状态。

表2-7 按价格水平及其变化的小麦价格分类

第一组	第二组	第三组	第四组
热那亚 曼海姆 柏林 肯尼亚 布雷斯劳	维也纳 布达佩斯	里加 阿姆斯特丹 伦敦 马赛 萨马拉（俄国） 萨拉托夫 华沙 新俄罗斯（越冬作物） 纽约	罗斯托夫（硬粒春小麦） 塔甘罗格（硬粒春小麦） 罗斯托夫（越冬作物） 萨马拉（串种的谷物） 叶列茨（越冬作物） 叶列茨（硬粒春小麦） 尼古拉耶夫 塔甘罗格（越冬作物） 新俄罗斯（硬粒春小麦） 敖德萨

通过表2-8，我们可以观察到价格差异缩小的过程。从表2-8可以看出，维也纳和布达佩斯的小麦价格明显不同，与其他地点的价格也有差异，这种情况自然是因为奥匈帝国几乎没有参与国际粮食交易，因此其市场价格变化是独立的[①]。起初，萨马拉和萨拉托夫的俄国小麦的价格很低，这与国外价格密切相关，与绝大多数俄国地方市场和国外市场的价格不同，且与俄国国内其他市场价格差异扩大的趋势日益明显。总体来看，初始阶段差异较大的价格呈现缩小的趋势，差异较小的价格呈现扩大的趋势。其原因在于，市场机制主要影响总体偏差。价格差异较小的原因应当归结于商品种类、地理位置、贸易市场的重要性等，最终市场影响会趋于一致，但这一影响很弱，耗费时日。

总之，在所研究时期内，俄国和国外贸易点的小麦价格趋于一致。俄国出口中心的价格，特别是南部港口的价格接近粮食进口国的平均价格水平。

现在，我们来分析价格偶然波动的相互关系。表2-9列出了小麦价格偶然波动的线性相关系数。密切相关关系表明大部分研究地点价格的偶然波动趋于同步。与国外粮贸中心价格的偶然波动相比，反映俄国国内价格偶然波动关系的相关系数要低一些，反映维也纳和布达佩斯价格波动的相关系数与其他地方相比明显偏低。

---

① 在1909年价格普遍上涨的状况下，维也纳和布达佩斯的价格上涨最为明显。欧洲市场价格上涨的原因在于共同秩序，但是一些地区特征也不容忽视，共同市场也未能消除奥匈帝国粮食市场的孤立性。问题在于1907年大规模的粮食歉收及1908年普遍性的粮食歉收，在粮食储量不足的情况下，1909年又发生了严重的粮食歉收。

19世纪末20世纪初欧洲市场体系中的俄国

表 2-8 小麦价格差异缩小程度指标

序号	8	6	7	4	11	9	14	2	5	12	3	13	10	15	1	24	21	22	20	23	25	19	18	16	17
8		C	H	P	P	P	P	H	H	H	H	C	H	H	H	H	H	H	H	P	H	H	P	H	H
6			C	P	P	P	H	H	H	H	H	C	H	H	H	H	H	H	H	P	H	H	P	H	H
7				P	P	P	C	H	H	H	H	H	H	H	H	H	H	H	H	H	H	H	H	H	H
4					P	P	H	H	H	H	H	P	H	H	H	H	H	H	H	P	H	H	P	H	H
11						P	P	P	P	P	H	P	P	H	P	H	P	H	H	P	H	H	P	H	P
9							P	P	P	P	P	P	P	P	C	P	P	P	P	P	P	P	P	P	P
14								H	H	H	P	P	P	H	H	H	H	H	H	P	H	H	P	H	H
2									P	C	P	P	P	C	C	H	H	H	H	H	H	H	H	H	H
5										H	P	P	H	H	H	H	H	H	H	H	H	H	H	H	C
12											P	P	P	C	P	H	H	H	H	H	H	H	H	H	H
3												P	P	P	P	C	P	C	P	C	P	H	H	H	H
13													P	P	P	P	P	P	P	P	P	P	P	P	P
10														H	H	H	H	H	P	H	H	P	H	H	H
15															P	P	H	H	H	H	P	H	H	H	H
1																P	P	P	P	P	P	H	P	P	P
24																	P	C	P	C	H	P	H	H	P
21																		H	P	H	H	H	H	H	P
22																			P	C	H	H	H	H	H
20																				P	P	P	H	H	H
23																					P	P	H	P	P
25																						P	P	H	P
19																							P	P	H
18																								P	P
16																									P
17																									

注：①序号与附表5一致。②表格中使用了以下符号：C 表示根据数据均衡，初始阶段与结束阶段价格差保持不变；H 表示价格差缩小；P 表示价格差扩大。

在得出最终结论之前，必须注意要正确运用相关分析的条件。附表6列出了所有序列的不对称系数及峰值的计算结果。这些数据大体上接近于零，这就说明我们所做的上述分类趋于合理。

表 2-9　小麦价格偶然波动的线性相关系数

序号	1	2	3	4	5	6	7	8	9	10	11	12	13	14	15	16	17	18	19	20	21	22	23	24	25
1	100	94	91	89	95	91	94	91	90	83	88	94	92	92	95	90	94	87	76	75	89	96	96	78	96
2		100	97	87	97	87	95	85	79	70	76	85	83	97	93	92	96	90	81	80	90	97	98	86	96
3			100	90	97	86	94	85	77	68	73	84	82	96	90	87	94	82	84	82	87	94	97	80	94
4				100	93	96	91	94	85	82	84	92	89	92	86	76	88	70	72	68	82	86	89	61	89
5					100	94	97	93	86	80	84	91	89	97	94	90	96	85	77	75	88	95	98	78	95
6						100	92	98	91	92	94	92	89	82	90	77	63	61	86	87	90	64	89		
7							100	93	86	81	86	92	91	96	92	86	94	82	78	77	83	91	94	71	94
8								100	92	90	93	94	92	90	86	80	87	72	64	62	84	86	86	61	89
9									100	96	99	96	96	83	88	78	81	74	57	56	75	83	84	52	83
10										100	97	91	92	75	80	68	74	63	**44**	**42**	68	75	75	**42**	74
11											100	96	96	81	86	76	79	71	54	53	72	79	80	48	80
12												100	99	89	91	81	87	76	72	70	78	85	88	57	90
13													100	87	91	80	86	76	69	68	76	84	86	55	87
14														100	93	87	94	84	76	76	88	94	96	77	95
15															100	90	93	91	74	73	83	93	93	76	94
16																100	95	97	76	76	90	92	93	86	93
17																	100	91	80	79	89	95	96	79	95
18																		100	70	71	85	89	89	85	89
19																			100	99	73	76	80	71	82
20																				100	72	75	79	71	81
21																					100	91	92	88	90
22																						100	98	86	96
23																							100	84	98
24																								100	82
25																									100

注：①序号与附表 5 一致。②表格中的相关系数乘以 100。③表中加粗的相关系数可能存在微小偏差，错误概率为 5%。

附表 6 还列出了自相关系数。由于这些系数相当大，因此在解决彼此间是否存在关系的问题时，还需用特殊的方法加以检验。附表 7 中，对角线上方为 t 值，下方为 n' 值。借助专门的表格（参见丁特纳所编《法令汇编》第 331 页表 3）我们可以确信，在以下三种情况下不存在线性关系，即萨马拉（丰收）—维也纳、萨马拉（丰收）—布达佩斯、萨马拉（丰收）—纽约。同理，其余情况说明价格的均衡数值与实际数值之间存在线性关系。

因此，19世纪末20世纪初俄国小麦价格与国外小麦价格变化密切相关。俄国商业中心（特别是港口）明显受到国际粮食市场规则的影响。但是，国内市场与国外市场有一定隔离。这表现为国内市场的价格与出口中心和国外粮食市场的价格差异并未缩小，其价格变化特点明显，同时国内市场与一些国外市场的价格缺乏联系。由于国内贸易中心处于粮食出口地点与其余国内贸易地点的过渡状态，因此我们可以对其进行分析。铁路统计资料显示，1909~1911年萨马拉和萨拉托夫省的平均出口量不超过通过铁路输出该省的粮食总量的一半，而粮食主要出口省的相关数据偏高（赫尔松省为95.5%，塔夫里奇省为91.5%，比萨拉比亚省为88.1%，等等）①。显然，如果在分析中考虑俄国其他贸易点的价格，尤其是那些以国内贸易为主要地点的价格，那么就会得到更加明确的结论。

此外，我们还试图揭示俄国与其主要竞争对手——美国的粮食产量波动情况，以及俄国的出口规模及其他因素如何影响俄国国内与国外市场价格。为此，我们需要计算由俄国小麦的总产量、以实物或货币形式呈现的俄国小麦出口量、德国和美国的小麦总产量等指标均衡值构成的偏差序列与由趋势［随年份（1，2，3）变化］构成的价格偏差序列之间的相关系数。

俄国小麦总产量对当年的价格影响甚微（相关系数变化不大），但是上一年的粮食产量影响俄国和国外粮食价格的形成（纽约除外），它们存在负相关关系，即上一年的产量越高，当年的粮

---

① *Алавердов Э. Г.* Внешняя торговля России через порты Черного и Азовского морей в конце XIX— начале XXв. —Дис... канд. ист. наук. Ростов/ н/ Д.: Б. и., 1975.

食价格就越低。这种关系两年内就会弱化,仅对国外某些地点产生一些作用,而三年内便基本消失。

当年俄国小麦出口量与价格也呈负相关关系(价格越低,出口量就越大),但仅限于俄国国内市场。虽然一年内价格之间的关系消失,但两年内便会遍及俄国港口市场,并变成直接关系。两年前出口规模越大,当年的俄国市场价格就越高。

何种因素在何种程度上决定了俄国国内外贸易价格?为解决这个问题,我们需要在能反映俄国港口及国内市场行情的价格序列中构建多元回归方程。

俄国在黑海沿岸主要出口口岸敖德萨的小麦价格与国内外市场价格密切相关。例如,伦敦的小麦价格变动大致能够说明敖德萨小麦价格变化的86%。敖德萨的小麦价格公式(不包括其他贸易点的价格)为:

$$\hat{Y} = 255.533 - 1.073X_1 + 0.728X_2 - 0.576X_3 - 0.781X_4$$

在这里,$\hat{Y}$表示敖德萨的小麦价格(戈比),X_1表示俄国小麦在意大利进口总量中所占的比重(%),X_2表示俄国小麦在荷兰上年进口总量中所占的比重(%),X_3表示每普特小麦自敖德萨运抵伦敦的费用(戈比),X_4表示美国上年的小麦产量(普特/公顷)。

该公式十分可信。若用数学术语表述,则F等于18.63($F[4.20]=18.63$)。换言之,该公式的可信度达到99%(表中相应的值为$F[4.20]=4.43$)。限定系数达78%,即列入方程的78%的因数可以确定结果——敖德萨小麦价格的变化。

正如方程所示,敖德萨小麦价格的变化与俄国在意大利和荷兰市场上地位的变化相关(因数1和因数2)。当价格高时,俄国对受高关税保护的意大利市场的影响就会变弱，但对荷兰免税过境市场的影响则会增强。当运抵伦敦的小麦费用增加时，俄国小麦出口受阻，价格随之降低（因数3）。美国小麦的丰收，也即俄国主要竞争对手出口潜力增大，导致（滞后一年）敖德萨小麦价格下跌。

顿河畔罗斯托夫的小麦价格公式更为复杂，为：

$$\hat{Y} = 20.9768 + 0.7952X_1 - 0.2585X_2 + 0.0001X_3 - 0.0001X_4 + 0.0001X_5 - 0.1814X_6$$

在这里，$\hat{Y}$ 和 X_1 分别表示顿河畔罗斯托夫与纽约的小麦价格（戈比/普特），X_2 表示俄国小麦在意大利进口总量中所占的比重（%），X_3 表示德国上年的小麦需求量（千普特），X_4 表示俄国的小麦出口量（千普特），X_5 表示法国的小麦进口量（千普特），X_6 表示小麦运抵伦敦的费用。

该公式的可信度极高，$F[6.18] = 64.89$（表中相应的值为 $F[6.18] = 4.01$）。94%的因数组合可以显示出罗斯托夫的价格波动。

顿河畔罗斯托夫的小麦价格波动与纽约相似（$R^2 = 64\%$）。与伦敦的"世界价格"很接近，但包括这些价格的公式不易获得。俄国小麦在意大利市场上所处的地位及小麦运抵伦敦的费用对顿河畔罗斯托夫的小麦价格产生了影响，这些因素也影响了敖德萨的小麦价格（因数2和因数6）。除此之外，顿河畔罗斯托夫的小麦价格还取决于欧洲进口国对小麦的需求情况：随着德国小麦需求量和法国小麦进口量的增加，出口价格随之上涨（因数3和因数5）；随着俄国小麦出口量的增加，出口价格随之下跌（因数4）。

对波罗的海小麦出口至关重要的里加港口的价格，其公式颇具代表性，$F[6.18] = 205.8$，$R^2 = 98\%$，具体如下：

$$\hat{Y} = 5.55315 + 0.75299X_1 + 0.27312X_2 + 0.00004X_3 + 0.00004X_4 - 0.00007X_5 - 0.15859X_6$$

在这里，$\hat{Y}$ 和 X_1 分别表示里加和伦敦的小麦价格（戈比），X_2 表示德国的关税（戈比/普特），X_3 表示德国的小麦需求量（千普特），X_4 表示法国的小麦进口量（千普特），X_5 表示罗马尼亚的小麦出口量（千普特），X_6 表示小麦运抵伦敦的费用。

里加的小麦价格同伦敦的小麦价格密切相关（$R^2 = 94\%$）。换言之，伦敦小麦价格的变化在94%的程度上反映了里加小麦价格的变化。伦敦的小麦价格上涨（下跌）1戈比，里加的小麦价格便会随之上涨（下跌）0.75戈比。换言之，伦敦的小麦价格上下波动0.88%，里加的小麦价格便会随之上下波动0.72%。第二个重要因素是德国的关税，关税每提高（下降）1戈比，便会使里加的小麦价格上涨（下跌）0.3戈比。诸如德国的小麦需求量和法国的小麦进口量等因素对里加和顿河畔罗斯托夫小麦价格的影响因素类似（因数3和因数4）。罗马尼亚的竞争能力也会影响里加的小麦价格：罗马尼亚小麦出口量的增加最终会导致里加小麦价格的下跌（因数5）。同上述公式一样，小麦运抵伦敦的费用与里加的小麦价格呈负相关关系（因数6）。

在列出的俄国国内市场价格公式中我们以叶列茨的价格方程为例：

$$\hat{Y} = -29.7441 + 0.9971X_1 + 0.5618X_2 - 0.2834X_3 - 0.5148X_4 + 0.0001X_5$$

在这里，$\hat{Y}$ 和 X_1 分别表示叶列茨和热那亚的小麦价格（戈比/普特），X_2 表示俄国64个省收获总量中用于消费的粮食份额（%），X_3 表示小麦自顿河畔罗斯托夫运抵热那亚的费用，X_4 表示俄国的小麦产量（千普特），X_5表示英国的小麦需求量（千普特）。

方程的准确度极高，$F[5.19]=104.98$，限定系数为96%。

叶列茨的小麦价格与热那亚的小麦价格波动一致（$R^2=78\%$）。影响叶列茨小麦价格的决定性因素是俄国64个省收获总量中用于消费的粮食份额：内需增加，国内市场价格上涨（因数2）。国内小麦产量的波动与国内价格的波动呈负相关关系：产量增加，价格下跌（因数4）。俄国小麦的国内价格也取决于外部因素。英国小麦需求量的增加会推动小麦的出口，价格随之上涨（因数5）。出口运输费用下降也是同样趋势（因数3）。

俄国小麦对外贸易分析结果如下。几乎在整个研究时期，小麦在俄国的粮食出口中，无论是以实物形式还是以价值形式均居首位。俄国供应世界粮食市场的小麦（原麦）份额也居首位。英国、德国、荷兰、意大利和瑞士是俄国小麦在欧洲市场上的主要消费国。俄国在西欧小麦市场上最强劲的对手是美国、加拿大、阿根廷和罗马尼亚。

价格分析表明，总体来看，在整个研究时期，俄国国内和国外市场的价格差异逐渐缩小。俄国出口价格稳定增长，消费国价格小幅下跌或补偿性高增长，这是价格差异缩小的主要途径。因1909～1913年战前工业高涨，1908～1909年小麦价格普遍上涨，这也促使价格水平差异缩小。俄国与国外小麦贸易点的价格差异缩小表明这些地点被纳入了统一的国际市场。

俄国的生产能力影响了本国及欧洲的价格形成：小麦丰收时价格下降，而小麦歉收时价格上扬。国内市场价格低迷是拉动出口的先决条件。与此同时，俄国小麦出口会在两年内导致出口价格和国内价格上扬，从而促进俄国价格与欧洲市场价格趋于一致。

俄国小麦出口是在与已纳入统一市场的西欧国家间稳定贸易的

条件下发展起来的。俄国小麦出口价格变化与国外贸易点价格（特别是伦敦的"世界价格"）变化密切相关，这表明统一的综合因素对这些价格产生了影响。这些因素共同发生作用，难以单独区分。不过我们可以通过回归分析分离出其中的一些因素。

当然，俄国出口价格取决于欧洲市场行情，这由小麦出口国与进口国间的供求关系决定。上述分析表明，俄国出口价格既受到德国市场和德国关税政策的强烈影响，也受到美国和罗马尼亚竞争的冲击。俄国出口价格的变化还与小麦运往国外贸易点的费用波动有关：运费提高不利于出口并降低了港口和国内市场的价格。国内市场的价格受到国内因素的影响：俄国小麦内需增加，价格上涨；小麦产量提高，价格下跌。

第三节　黑麦出口[①]

黑麦是俄国的主要粮食作物。19世纪90年代至20世纪初，俄国黑麦产量是其小麦产量的2~3倍。之后随着农产品市场化程度的提高，小麦产量激增并逐渐与黑麦产量持平。

黑麦在国际市场上的需求量远逊于小麦，其销量有限，增长缓慢。俄国的黑麦产量占世界总产量的一半以上。俄国既是这种廉价作物的主要消费者，又是国际黑麦市场的主要供应者。

在俄国的粮食出口中，黑麦最初仅次于小麦而位居第二，但在第一次世界大战前，黑麦位居大麦和燕麦之后，退居第四位。俄国

---

① 在本节及下节中，因篇幅所限，作者只能省略中间计算结果，以一种更简洁的形式呈现。

黑麦出口减少与欧洲对其需求有限，以及俄国粮食出口更加依赖德国的外贸政策有关。

19世纪80年代末至90年代初，俄国黑麦的最大买主是英国，其次是德国和荷兰。19世纪90年代，德国和荷兰超过了英国，一跃成为俄国黑麦的主要进口国。

其实，德国是俄国黑麦在欧洲最主要且最大的市场。俄国黑麦几乎垄断了德国市场，相比较而言，美国和罗马尼亚出口到德国的黑麦微不足道。仅在1892年（1891～1892年俄国黑麦歉收）和1893年（俄德关税战）俄国对德国的黑麦出口份额大幅减少。

进入20世纪，德国对俄国的黑麦需求量锐减。德国本国的黑麦产量已相当可观，在自给的前提下，对外输出量也逐渐增加。德国从俄国黑麦的主要消费国转而成为俄国在黑麦市场上的主要竞争对手，由于德国黑麦也输入俄国，因此俄国黑麦在国内外市场上的竞争都十分激烈。

我们需要进一步阐明该问题。为何靠俄国粮食滋养的工业强国德国却将自己的黑麦运进了农业大国俄国呢？

20世纪初，由于黑麦播种面积扩大和黑麦单产①提高，德国黑麦总产量明显提高，但是由于城市人口增长，小麦需求量增加，因此黑麦的人均消费量反而下降。德国黑麦的自给率和商品率均有所提高，且输出势头迅猛。此举得益于德国对进口粮食征收高关税和

---

① 1908～1912年，德国黑麦种植面积仅扩大了7.9%，产量却增长了1.8倍，在此期间，德国黑麦税收超过1888～1900年德国税收的近2倍。用于计算的原始数据参见：Брошниовский А. К. Условия сбыта русских хлебов за границу при действующем в некоторых государствах Западной Европы высоком таможенном обложении привозного зерна. Пг. : тип. В. Ф. Киршбаума, 1914. C. 49, 53, 56。

实施进口许可证制度。

对德国的分析可分为两部分：德国西部需输入粮食，而德国东部需输出剩余粮食。粮食从产区到消费区的运输成本颇高。在这种情况下，用进口粮食供应德国西北部更为划算。此外，进口粮食也是德国成功发展对外粮食贸易的必要条件，因为不进口俄国或罗马尼亚的粮食，德国本地粮食并不能满足市场需求。为保护本国粮食生产，德国制定了相应的关税保护政策。从1887年12月21日起，黑麦关税调整为每普特37.9戈比；从1894年2月10日起，黑麦关税调整为每普特26.5戈比；从1906年3月1日起，黑麦关税再次恢复到每普特37.9戈比①。

德国的农业保护主义体系得以实施得益于进口许可证制度。

从1879年到1894年4月14日，德国实行了所谓的"三证合一"制度。其实质在于，享有粮食出口优先权的20个指定中转仓的粮食进口可免税。这种严格的"三证合一"制度（货物、人员和地点）引起了其他农业国的不满，导致德国的粮食出口量大幅缩减。因此，德国粮食出口变得无利可图，滞留的粮食冲击了国内市场价格，关税政策失去了原有的保护作用。

1894年，进口许可证制度彻底取代了"三证合一"制度。当粮食、面粉以及一些其他农产品输出达到500千克以上时，进口许可证制度才能确保免税。进口许可对人员和地点并没有特殊要求，只对货物的一致性有要求，但并不像之前那样严格。

---

① *Брошниовский А. К.* Условия сбыта русских хлебов за границу при действующем в некоторых государствах Западной Европы высоком таможенном обложении привозного зерна. Пг.：тип. В. Ф. Киршбаума, 1914. C. 49.

进口许可证制度具有如下效果：从德国东部出口的粮食不再亏本，国内价格趋于稳定。结果，德国的粮食出口猛增，粮食生产也开始增长。

从1906年起，凭进口许可证可进口任何种类的粮食。德国进口以急需的粮食（小麦和饲料用大麦）为先，而出口则以公认获利的黑麦为先。进口许可证制度的实施，使德国东部的粮食出口量与西部的粮食进口量得以持平，即能够使关税相抵。但是最初的平衡稍纵即逝，至少黑麦是这种情况。黑麦出口量超过了进口量，实质上，进口许可证制度起到了鼓励出口的作用，即起到了特殊的"出口奖金"的作用。

农业保护主义体系彻底改变了德国在世界黑麦市场上的地位，德国不仅在世界市场上排挤俄国黑麦，而且向俄国输入大量黑麦（见表2-10）。19世纪末，波罗的海及其周边地区农业发生的变化有利于德国黑麦进入俄国市场。早在19世纪80年代，波兰王国、库尔兰、科夫诺、维连和其他一些省的黑麦均有盈余，然而到了20世纪，上述地区的黑麦已经明显不足。

表2-10 俄德黑麦相互输出量及其比例

指标	1901年	1902年	1903年	1904年	1905年	1906年	1907年	1908年	1909年	1910年
俄国向德国的输出量（百万普特）	773.6	842.0	718.5	426.2	477.8	515.8	453.8	258.7	251.5	358.1
德国向俄国的输出量（百万普特）	7.1	6.5	6.2	19.9	41.0	72.0	87.7	142.3	119.3	134.1
德国与俄国的输出量之比（%）	0.9	0.8	0.9	4.7	8.6	14.0	19.3	55.0	47.4	37.4

注：表格中第1、第2行运用的是德国统计资料数据，由 И. М. 戈里特施杰恩进行换算（参见：Гольдштейн И. М. Русско-германский торговый договор и задачи России. М.: тип. О. Л. Сомовой, 1912. С. 13–14）。1891～1900年，德国向俄国出口黑麦与俄国向德国出口黑麦相比较少，输出量之比基本不超过1%。最后一行计算输出量之比采用的同样是德国统计资料数据。

对于与德国毗邻的波罗的海地区而言，海运的价格相对低廉，而且德国的出口价格比国内价格更为低廉，这为德国粮食进入俄国市场创造了条件。另外，由于进口许可证制度的优惠政策，德国黑麦价格比俄国内陆各省的粮食价格还低，因此在维斯拉河流域诸省需要大量原材料的大型磨面企业的竞争中拔得头筹。德国的农业保护政策使其在与俄国争夺国际黑麦市场时占了上风，将俄国黑麦从一些国家市场中逐出，数年内德国成为向荷兰出口黑麦的主要国家之一。

荷兰是俄国黑麦出口第二重要的市场。俄国、德国和罗马尼亚几乎为荷兰市场提供了其所需的所有黑麦，其中俄国提供了大部分黑麦，罗马尼亚出口的黑麦数量也相当可观（占荷兰黑麦进口量的10%~30%）。德国黑麦最初在荷兰市场上的份额不大（1892~1893年除外，俄国黑麦出口量大幅减少，德国黑麦出口量几乎占到荷兰黑麦进口量的1/4），在1908年时超过了罗马尼亚，并与俄国一起成为荷兰黑麦的主要供应国。

除了德国、荷兰和英国外，俄国还向芬兰与奥匈帝国出口黑麦。

我们可以依据 И. Д. 科瓦里钦科和 Л. В. 米洛夫关于全俄统一农业市场的研究结论来分析俄国黑麦市场。他们指出，全俄统一的黑麦市场早在19世纪80年代前就已形成①。到19世纪末，俄国已成为国际粮食市场的有机组成部分②。考虑到上述结果，我们将

---

① *Ковальченко И. Д.*, *Милов Л. В.* Всероссийский аграрный рынок. XVIII-начало XX века. М.: Наука, 1974. С. 188, 191, 239.

② *Ковальченко И. Д.*, *Милов Л. В.* Всероссийский аграрный рынок. XVIII-начало XX века. М.: Наука, 1974. С. 382.

借助价格来研究俄国黑麦的对外贸易。

19世纪80年代,俄国绝大多数黑麦经由西部边境出口。19世纪90年代,经波罗的海港口和西部陆路边境出口的黑麦减少①。20世纪,相当一部分黑麦经南部港口出口。

我们有14个俄国国内贸易点(国内贸易主要中心、波罗的海沿岸和南部港口)和6个国外贸易点(俄国黑麦的主要竞争对手——德国,以及荷兰和奥匈帝国)的价格信息。

通过研究黑麦实际价格的变化(见表2-11)不难发现,一些国外贸易点的价格上涨缓慢(不来梅和柯尼斯堡的价格分别上涨了3.6戈比和6.1戈比),甚至下降(曼海姆和布雷斯劳的价格分别下降了6.4戈比和9.2戈比)。布达佩斯的价格除外,在所研究时期上涨了27.0戈比。这种变化使布雷斯劳与布达佩斯以往悬殊的价格逐渐拉平。这种价格变化十分合理。20世纪,奥匈帝国的黑麦市场局势发生了根本性的变化。19世纪末,大约一半的黑麦是从俄国进口的,大约1/4的黑麦是从德国进口的;20世纪初,绝大多数黑麦是从德国进口的(1903~1907年为87.9%,1908~1912年为97.7%)②。此外,虽然所研究时期初期俄国黑麦价格较低,但是基本上在持续上涨,最终赶上了国外贸易点的价格。

---

① *Золотов В. А.* Хлебный экспорт России через порты Черного и Азовского морей в 60 – 90-е годы XIXв. Ростов/н/д.: Изд-во Рост. ун-та., 1966. С. 99 – 100; *Алавердов Э. Г.* Внешняя торговля России через порты Черного и Азовского морей в конце XIX—начале XXв. —Дис.... канд. ист. наук. Ростов/ н/Д.: Б. и., 1975. С. 88 – 90.

② *Брошниовский А. К.* Условия сбыта русских хлебов за границу при действующем в некоторых государствах Западной Европы высоком таможенном обложении привозного зерна. Пг.: тип. В. Ф. Киршбаума, 1914. С. 13. приложения.

表2-11 黑麦价格变化指标

序号	实际价格（戈比）	平均价格（戈比）		一阶导数	$2a_2/a_1$
		初期	末期		
1	19.9	85.9	110.7	$0.28t+1.03$	0.27
2	11.8	84.0	109.0	$0.22t+1.04$	0.21
3	20.5	84.9	112.5	$0.28t+1.15$	0.24
4	13.7	82.7	104.7	$0.22t+0.92$	0.24
5	9.7	70.0	94.3	$0.16t+1.01$	0.16
6	0.9	68.9	95.3	$0.14t+1.10$	0.13
7	10.5	64.7	88.4	$0.14t+0.98$	0.14
8	11.4	65.7	91.2	$0.18t+1.06$	0.15
9	17.2	64.7	94.2	$0.20t+1.23$	0.16
10	11.2	90.9	109.8	$0.46t+0.79$	0.58
11	13.3	66.6	88.2	$0.30t+0.90$	0.33
12	8.0	66.2	89.9	$0.28t+0.99$	0.28
13	25.9	69.3	94.4	$0.28t+1.04$	0.23
14	4.0	82.8	95.4	$0.22t+0.52$	0.42
15	6.1	115.5	138.5	$0.36t+0.96$	0.38
16	3.6	90.0	111.5	$0.20t+0.90$	0.22
17	-6.4	134.2	148.8	$0.36t+0.61$	0.59
18	-9.2	122.2	131.2	$0.34t+0.38$	0.89
19	27.0	96.7	131.2	$0.32t+1.44$	0.22
20	-0.3	91.4	106.2	$0.22t+0.62$	0.35

注：序号与附表8一致。

在分类分析的基础上研究黑麦价格变化，可以得出如下结论。根据每组组成数量，可以将其分为三组，分别为南部诸港口（顿河畔罗斯托夫、尼古拉耶夫、塔甘罗格、敖德萨、新俄罗斯）的价格、俄国国内贸易中心（萨马拉、萨拉托夫和叶列茨）的价格和俄国西部陆路边境（利巴瓦、里加、彼得堡、列维尔）的价格。在最后一组中也包括不来梅的价格。除布达佩斯外，整组价格上涨都相对较高（布达佩斯的价格平均每年上涨1.4戈比，其他贸易点的价格上涨近1戈比），其上涨差异源于价格水平及其稳定性不同。萨马拉、萨拉托夫、叶列茨以及黑海、亚速海诸港口的价格在所研究时期初期都相对较低，不过其出口价格相对稳定，上涨差异不大。俄国国内价格的稳定性相对较差，而就价格水平而言，俄国西部出口口岸的价格更高。

第一组几乎囊括了所有俄国国内贸易点的价格，其中布雷斯劳和曼海姆价格的特点是起点高、价格提升慢且上涨不稳定。莫斯科、华沙、柯尼斯堡和安特卫普的"国际"黑麦价格属于中间组。

除布达佩斯外，国外贸易点价格与俄国国内贸易点的价格差异逐渐缩小。但是需要指出的是，俄国各地间的价格差异较大。根据这些价格固有的动态类型，南部港口和国内市场的价格（低水平价格）也存在差异。俄国国内价格与出口价格不同，反映了国内黑麦市场与国外市场相对隔绝。显然，由于外贸重心从波罗的海诸港口转向南部港口，南部港口价格猛增，更加接近俄国西部口岸更高的价格。

我们运用相关分析来研究价格。相关系数（见表2-12）表明，所分析的所有贸易点价格之间存在密切相关性，虽然有些联系不紧密，但相关系数依旧明显，这从布达佩斯与其他贸易点价格不紧密的联系中也可以窥探出来。奥匈帝国的黑麦价格与欧洲市场价格的差异也在贸易中显露无遗。

我们还需要探究俄国国内与国外的黑麦价格是否取决于其产量、库存量和出口规模，这就要求计算由附加指标（黑麦的总产量、实物形式和货币形式的出口规模）构成的趋势偏差序列及其随最近年份（1，2，3）变化的价格偏差序列二者之间的线性相关系数。

表 2-12 黑麦价格差异缩小程度指标（对角线以下）及其偶然波动的
线性相关系数（对角线以上）

序号	1	2	3	4	5	6	7	8	9	10	11	12	13	14	15	16	17	18	19	20
1	*	96	97	94	89	90	92	93	93	97	98	95	97	87	92	90	92	85	60	86
2	H	*	98	96	91	94	95	95	95	95	96	97	90	92	94	92	88	64	90
3	P	P	*	98	94	96	96	96	97	97	96	96	98	93	94	95	94	90	70	92
4	P	P	P	*	94	96	97	96	96	94	94	93	96	93	96	95	92	91	72	93
5	P	P	P	H	*	99	98	97	97	86	88	89	90	93	94	97	94	94	78	96
6	H	H	H	H	H	*	99	99	99	88	91	92	93	96	96	99	96	96	81	97
7	P	P	P	P	H	P	*	99	99	91	94	94	94	96	96	99	95	96	80	98
8	H	H	H	P	H	P	P	*	99	90	94	95	94	94	97	99	98	96	76	97
9	H	H	H	H	H	P	P	P	*	91	94	96	95	95	96	99	97	94	79	97
10	H	H	H	H	H	H	H	H	H	*	95	97	85	87	87	87	81	58	84
11	P	P	P	P	P	H	P	H	P	H	*	98	96	90	94	92	94	90	67	90
12	P	P	P	P	P	C	P	P	P	P	P	*	96	88	93	93	95	87	66	90
13	P	P	P	P	H	H	H	H	H	H	H	P	*	91	92	92	91	86	69	90
14	P	P	P	H	H	H	H	H	H	H	H	H	H	*	93	94	91	93	84	94
15	P	H	H	H	H	H	H	H	H	H	H	H	H	H	P	*	96	97	95	75	95
16	H	H	H	H	H	H	H	H	H	H	H	H	H	H	H	P	*	97	95	79	96
17	H	H	H	H	H	H	H	H	H	H	H	H	H	H	H	H	*	96	73	96
18	H	H	H	H	H	H	H	H	H	H	H	H	H	H	H	H	P	*	77	95
19	P	P	P	P	P	P	P	P	P	P	P	P	P	P	P	P	P	P	*	80
20	H	H	H	H	H	H	H	H	H	H	H	H	H	H	H	H	H	H	P	*

注：①序号与附表 8 一致。②相关系数乘以 100。③表格中的符号：C 表示根据均衡数据，初期和末期价格差异基本保持不变；H 表示价格差异缩小；P 表示价格差异扩大。

俄国黑麦总产量影响俄国国内贸易点和国外贸易点的价格，但二者呈负相关关系。在歉收年份，价格上扬；在丰收年份，价格则下跌。而翌年此影响持续且更甚，因为体现往年产量的储量也对价格产生影响。此影响只有到第三年才逐渐不易察觉。每俄亩黑麦产量对价格亦产生类似影响。

以实物形式出口的黑麦与当年的价格呈负相关关系：价格下跌，出口增加；价格上扬，出口减少。对俄国国内贸易点而言，这种相关关系显然是价格与黑麦产量间（丰年价格下降，出口的可能性增大）存在关系的佐证。

我们再来解决另一个问题：黑麦价格是否影响了其在俄国的产量及出口？为了回答这一问题，我们需要计算价格与随最近年份（1，2）变化的附加指标序列之间的相关系数（为了便于计算，我们从均衡值中取实际偏差值）。事实证明，价格并未推动黑麦生产的发展，黑麦价格与其产量之间实际上并未随时间而变化。但是上年价格对当年出口的影响是相当确定的，并呈负相关关系：价格高（供小于需）则抑制黑麦出口，使出口量减少。据此我们推测，当年价格与当年出口量之间也呈负相关关系，这也是国内黑麦市场比国外市场占优势的原因。同时，上述关于国内市场与国外市场相对分离的结论也得到了具体的说明。

接下来，我们来分析影响黑麦价格变化的各种因素。对于黑海沿岸重要的出口港口敖德萨的黑麦价格而言，可用如下多元回归方程式表示：

$$\hat{Y} = 232.6816 + 0.5994X_1 + 4.8985X_2 - 0.0078X_3 + 0.0065X_4 - 0.0003X_5 - 0.0089X_6$$

在这里，$\hat{Y}$ 为敖德萨的黑麦价格（0.1 戈比/普特），X_1 为萨马拉的黑麦价格（0.1 戈比/普特），X_2 为俄国黑麦占德国进口黑麦的比重，X_3 为荷兰的黑麦进口量（千卢布），X_4 为德国的黑麦需求量（千普特），X_5 为欧俄 64 个省的黑麦收获量（千普特），X_6 为罗马尼亚的黑麦出口量（千普特）。

方程式中的因数在 92% 的程度上反映了敖德萨黑麦价格的变化情况（$R^2 = 92\%$）。该方程式极为可信（$F = 42.952$）。

敖德萨的黑麦价格受萨马拉的黑麦价格左右，萨马拉的黑麦价格每上涨（下跌）1戈比，敖德萨的黑麦价格便会随之上涨（下跌）0.6戈比。

敖德萨的黑麦价格还明显地受到与其有贸易关系的主要黑麦进口国价格的影响。随着俄国黑麦在德国进口量中的比重上升，敖德萨的黑麦价格上涨（因数2）。敖德萨的黑麦价格随德国黑麦需求量的增加而上涨（因数4）。荷兰黑麦的进口量增加，意味着俄国黑麦更多地流向荷兰的免税市场，从而导致俄国黑麦的出口价格下跌（因数3）。

从价格公式中可知，俄国的黑麦收获量增加，敖德萨的黑麦价格下跌，产量减少，价格上涨（因数5）。

罗马尼亚是俄国在国际黑麦市场上的竞争对手：罗马尼亚的黑麦出口量增加，俄国的黑麦出口价格下跌（因数6）。

我们不妨列出这样一个敖德萨黑麦价格的公式，公式中的决定性因数不是国内黑麦市场价格，而是国际黑麦市场价格（安特卫普价格）。方程式中的因数大体上与上述方程式吻合，不过，由于安特卫普价格比俄国国内市场价格更能体现国际市场上的价格波动，因此在该公式中，国内市场的影响表现得更为突出。该公式形式如下：

$$\hat{Y} = -234.6716 + 0.8422X_1 + 0.0005X_2 - 0.0513X_3 - 0.0067X_4 + 2.2668X_5 + 0.0044X_6$$

在这里，$\hat{Y}$为敖德萨的黑麦价格，X_1为安特卫普的黑麦价格，X_2为德国上一年的黑麦需求量（千普特），X_3为欧俄50个省的黑麦收获量（普特/俄亩），X_4为荷兰的黑麦进口量（千普特），X_5为俄国黑麦在德国进口黑麦中的份额，X_6为美国上一年的黑麦产量（千普特）。该公式的首数：$R^2 = 97\%$，$F = 122.018$。

敖德萨的黑麦价格在很大程度上受国际黑麦价格的影响：安特卫

普的黑麦价格每上涨 1 戈比，敖德萨的黑麦价格便会随之上涨 0.8 戈比。俄国黑麦出口价格会受到上一年德国黑麦需求量的影响：德国的黑麦需求量越大，敖德萨的黑麦价格就越高。再一个颇有影响力的因素便是黑麦产量。俄国的黑麦产量增加，敖德萨的黑麦价格就下跌。

黑麦流入荷兰免税市场会导致价格下跌（因数4），俄国黑麦在德国进口黑麦中的份额增加（因数5），俄国黑麦出口价格则上涨。美国黑麦产量的增加并不会抑制敖德萨的黑麦价格。

由于俄国国内的黑麦需求量大于出口量，因此考察俄国国内黑麦价格的影响因素更加重要。所列公式显示的是俄国主要黑麦贸易中心之一萨马拉的黑麦价格。

我们仍用多元回归方程式来反映萨马拉的黑麦价格：

$$\hat{Y} = 259.8714 + 0.8239X_1 - 0.4160X_2 + 0.0041X_3 - 0.0004X_4 + 0.0066X_5 - 0.0106X_6$$

在这里，X_1 为莫斯科的黑麦价格（戈比），X_2 为上一年度德国的税额（戈比/普特），X_3 为上一年度荷兰的黑麦进口量（千普特），X_4 为上一年度欧俄 50 个省的黑麦产量（千普特），X_5 为该年度荷兰的黑麦进口量（千普特），X_6 为上一年度罗马尼亚的黑麦出口量（千普特）。

方程中的因数在 96% 的程度上决定了莫斯科黑麦价格的变化（$R^2 = 96\%$）。

最重要的因数是莫斯科的黑麦价格，莫斯科的黑麦价格每上涨（下跌）1 戈比，萨马拉的黑麦价格便会随之上涨（下跌）0.8 戈比。萨马拉的黑麦价格也受到德国关税政策的影响：德国黑麦进口关税提高会导致下一年度萨马拉的黑麦价格下跌，这显然是由俄国黑麦对某一主要进口国的输出量相对减少造成的。

萨马拉的黑麦价格波动也受荷兰黑麦进口量的影响。随着荷兰黑麦进口量的增加,俄国国内市场上的黑麦就会减少,从而导致俄国黑麦价格在当年和下年上涨。欧俄50个省上一年度的歉收使储备减少,也会导致黑麦价格上扬。同理,如果上一年度的黑麦丰收,黑麦价格则下跌。罗马尼亚黑麦的出口潜力也会影响俄国国内的黑麦价格(至少影响了萨马拉的黑麦价格)。俄国在国际市场上打压罗马尼亚,致使罗马尼亚黑麦出口量减少,继而引起俄国国内黑麦市场价格上扬。

俄国黑麦外贸的研究结论如下。黑麦是俄国的主要粮食,在19世纪90年代俄国粮食出口中黑麦紧随小麦之后,居第二位;而在第一次世界大战前位于小麦、大麦和燕麦之后,居第四位。

德国、荷兰是俄国黑麦的主要消费国,而美国和罗马尼亚则是俄国黑麦的主要竞争对手。20世纪初,俄国在国际黑麦市场上的主要竞争对手是德国。

价格分析表明,19世纪末20世纪初,欧洲黑麦市场关联程度高,俄国、德国、荷兰和奥匈之间的贸易联系十分密切。彼此价格差异缩小及其价格变化的高度一致性证明了这一点。价格分析还表明,国外市场与国内市场存在一定的偏差,且后者占据优势地位。国内市场价格水平及其动态变化,以及出口规模对国内市场行情变化的依赖程度都能阐明这一点。

国内外因素均会影响俄国的黑麦市场。俄国黑麦总产量左右着其国内外价格:若黑麦连续三年丰收,则价格降低;若黑麦连续三年歉收,则价格上涨。当年以实物形式出口的黑麦量与当年的黑麦价格呈负相关关系。此外,上一年的高价迟滞了本年度黑麦的出口量,而上一年的低价则推动了黑麦出口。俄国黑麦价格并不受其产量影响，高价不能促进黑麦生产发展，低价也不能导致黑麦生产萎缩。

与小麦的出口价格相比，黑麦的出口价格更多地依赖于国内价格。俄国黑麦的出口价格与国内价格及国外价格，特别是与安特卫普的价格（即黑麦市场的"世界"价格）之间存在本质关系。俄国黑麦的出口价格和国内价格均取决于与俄国黑麦主要消费国的贸易条件。荷兰进口黑麦增加，换言之，该免税市场需求上涨，导致俄国出口增加，竞争加剧，粮食从国内市场流出，因此出口价格下跌，而国内价格上扬。德国贸易顺差对市场的影响更复杂。随着德国对黑麦消费量的增加，俄国的出口价格上涨。德国进口的俄国黑麦比例下降，即俄国在这一市场上的地位被削弱，导致俄国出口价格降低。国内价格也受德国关税政策的影响：德国关税提高，俄国相对减少出口量，进而导致国内价格下跌。罗马尼亚的黑麦出口量也对俄国黑麦价格产生了十分明显的影响。

第四节　大麦与玉米出口

若在所研究时期初期，俄国粮食出口以皮粮为主，那么20世纪俄国粮食出口则以饲料粮为主。在粮食出口中，小麦尤其是黑麦的比例下降，而燕麦尤其是大麦的比例上升。第一次世界大战前，在出口的粮食作物中，按价值而言，大麦居第二位（排在小麦之后）；而在所研究时期初期，大麦仅居第三位。

大麦出口的增长速度远远超过小麦出口的增长速度（分别为105.9%和100.4%）。但是，大麦总产量的增长速度比小麦总产量的增长速度要慢（分别为104.3%和105.0%）。小麦出口的增长速度受国内消费制约，而大麦出口则较少受国内消费影响，因为与小麦相比，大麦更多用于出口。

大麦出口增加是俄国商品性农业发展的结果。在所研究时期，大麦产量大约增长了2.5倍，这是种植面积扩大（扩大约1.5倍）以及单产提高的结果。

大麦贸易的迅速发展有据可循：一些欧洲国家的畜牧业急剧发展，欧洲市场对大麦这种饲料的需求量增加。在欧洲，英国、德国和荷兰是俄国大麦的主要消费国。

俄国不了解大麦市场上有来自其他国家的激烈竞争，不过竞争还存在于两种可互相替代的饲料——大麦和玉米之间，这种竞争在大麦市场上和玉米市场上均有所体现。

德国的大麦市场对俄国至关重要。首先，德国大麦市场最初位居英国之后，但其发展非常迅速，远远超过了英国，在第一次世界大战之前市场规模已是英国的2倍多。大麦进口对德国也是有利可图的：如果说在所研究时期初期德国进口了全国所需大麦的1/4，那么在所研究时期末期则已经占到了一半。其次，德国的大麦市场更加青睐俄国大麦，尤其是在第一次世界大战前几年。德国大麦需求量的变化基本上决定了俄国大麦的商品性生产发展及其出口规模。

然而，19世纪80~90年代，德国进口的大部分大麦来自奥匈帝国，但它在德国大麦市场上的影响力减弱①，俄国实际上垄断了

---

① 应该指出，奥匈帝国出口的主要是酿造啤酒用的大麦，其大麦出口的绝对产量大致处于同等水平。德国由于饲料用途需要大量进口大麦，因此奥匈帝国的相对出口份额降低。其实，奥匈帝国在德国市场上的粮食状况相对稳定，19世纪末，德国对不同大麦种类的关税进行了区分，鼓励饲料用途的大麦进口，限制酿酒用途的大麦进口，因此奥匈帝国的大麦进口大幅下降。

德国的大麦市场。美国和罗马尼亚也向德国出口大麦，但所占比例不大。

由于德国畜牧业，特别是养猪业一枝独秀，因此大麦在德国饲料作物市场的竞争中拔得头筹，这也有赖于政策的扶持，其中包括关税政策。直到1906年1月，德国对大麦和玉米征税大体一致，但从该年2月起，玉米的关税增加，而大麦的关税下调，因此俄国大麦在德国市场上站稳了脚跟并继续发展。

在体量庞大且相对稳定的英国大麦市场上，俄国也占据绝对优势，其在英国大麦进口中的份额从1/3增至1/2（某些年份更高），但在罗马尼亚、美国和土耳其的共同排挤下，俄国大麦所占份额下降。尽管如此，英国仍然是俄国大麦出口的第二大重要市场。

荷兰是俄国大麦出口的第三大重要市场，俄国大麦出口在此发展迅猛（所研究时期末期比所研究时期初期增长了3倍多）。荷兰进口的大部分大麦由俄国提供，在所研究时期末期，俄国在荷兰大麦市场上的地位得以巩固。在荷兰大麦市场上，德国是俄国的竞争对手，其在荷兰市场上有后来者居上之势，而起初在荷兰市场上占据强势地位（占据荷兰大麦进口市场的23.7%）的罗马尼亚，在所研究时期的后几年其地位一降再降。

毫无疑问，俄国是欧洲大麦市场的主要供应国。国外市场对大麦需求的迅速增长掀起了俄国南部地区种植大麦的狂潮，俄国出口的大部分大麦经南部港口输出（超过出口量的90%）。因此，我们从俄国参与欧洲市场的角度分析欧洲市场时，所运用的价格序列多半是南部港口的价格（见附表9）。德国（勃列斯拉乌、柯尼斯堡和曼海姆）、荷兰（阿姆斯特丹）和英国（伦敦）的价格代表了消费国的价格。法国主要进口阿尔及尔和突尼斯的大麦。19 世纪末，俄国向法国出口大麦，但在 20 世纪初，俄国几乎失去了这一市场。表 2-13 列出了奥匈帝国及一些大麦出口国的价格。

表 2-13 大麦价格变化指标

序号	实际价格（戈比）	平均价格（戈比）		一阶导数	$2a_2/a_1$
		初期	末期		
1	14.8	54.2	90.8	$0.14t+1.52$	0.090
2	16.2	53.2	87.2	$0.16t+1.42$	0.110
3	6.2	56.9	88.6	$0.14t+1.32$	0.110
4	13.4	49.9	84.3	$0.16t+1.43$	0.110
5	-21.1	74.0	85.6	$0.32t+0.48$	0.670
6	11.4	50.3	81.7	$0.12t+1.31$	0.090
7	1.5	109.8	132.7	$0.28t+0.95$	0.290
8	14.2	74.7	103.5	$0.24t+1.20$	0.200
9	4.5	97.4	121.2	$0.20t+0.99$	0.200
10	-14.2	136.9	151.8	$0.24t+0.62$	0.390
11	-3.9	117.1	129.8	$0.14t+0.53$	0.260
12	3.5	80.1	114.3	$0.26t+1.42$	0.180
13	-0.5	80.6	102.3	$0.24t+0.90$	0.270
14	23.1	81.1	111.8	$0.28t+1.28$	0.220
15	13.2	71.7	101.4	$0.24t+1.24$	0.190

注：序号与附表 9 一致。

运用分类分析法，将大麦价格划分为三组。第一组，南部诸港口的价格。新俄罗斯、罗斯托夫、尼古拉耶夫、塔甘罗格和敖德萨的价格联系最为密切。在所研究时期初期，该组价格水平起点最低（平均约 50 戈比），但上涨最快（平均每年上涨 1.4 戈比）。第二组，安特卫普、布雷斯劳、柯尼斯堡、维也纳和曼海姆的价格。比起第一组来，第二组最初的价格水平很高（大约为第一组的 2倍），但价格上涨缓慢（平均一年上涨不足 1 戈比，曼海姆上涨最快，为 0.6 戈比）。该组价格与俄国港口价格相比更不稳定。布达佩斯、伦敦、马塞的价格，还有柯尼斯堡的俄国大麦价格构成一组，其价格水平及其增长速度介于上述两组之间。萨拉托夫的价格极为特殊：其价格极其不稳定，所研究时期初期价格上涨极为缓慢，接近第二组的水平。

表 2-14 显示，俄国与国外地点的大麦价格差异逐渐缩小，无论是每组内部还是组与组之间，与最初价格水平相比，最终价格水平逐渐接近。萨拉托夫的大麦价格是个例外，最初价格水平较高，随后大幅下降，结果与俄国各地点的价格差异缩小，与国外各地点的价格差异扩大。布达佩斯的大麦价格与其他国家相差甚远。

表 2-14　大麦价格差异缩小程度指标（对角线以下）及其偶然波动的线性相关系数（对角线以上）

序号	1	2	3	4	5	6	7	8	9	10	11	12	13	14	15
1	*	81	99	98	85	99	78	95	89	78	54	68	92	95	92
2	P	*	80	79	75	83	58	80	68	57	32	49	93	81	84
3	H	H	*	99	85	98	79	94	89	79	55	70	91	95	92
4	P	H	H	*	85	99	79	96	92	76	51	69	91	96	94
5	H	H	H	H	*	85	71	84	80	73	47	60	83	80	78
6	P	P	P	P	H	*	78	95	88	75	69	64	93	96	94
7	H	H	H	H	P	H	*	78	81	85	59	65	64	72	78
8	H	H	H	H	H	H	H	*	92	73	56	63	91	95	93
9	H	H	H	H	H	H	H	H	*	74	53	79	80	88	88
10	H	H	H	H	H	H	H	H	H	*	71	74	65	69	71
11	H	P	H	H	H	H	H	H	H	P	*	72	45	45	47
12	H	P	P	C	P	P	H	H	H	H	H	*	53	58	56
13	H	H	H	H	H	H	H	H	H	H	P	P	*	93	92
14	H	H	H	H	H	H	H	H	H	H	P	H	P	*	94
15	H	H	H	H	P	H	H	H	H	H	H	H	H	H	*

注：①序号与附表 9 一致。②相关系数乘以 100。③加粗的相关系数可能存在误差，概率为 5%。④表格中的符号：C 表示根据均衡数据，初期和末期价格差异基本保持不变；H 表示价格差异缩小；P 表示价格差异扩大。

总之，俄国的大麦价格水平较低，但一直呈上涨之势。俄国国内大麦价格以萨拉托夫为代表，其价格水平较高，1895~1896年，其绝对价格和相对价格的降低程度远高于南部港口，从而二者间的价格差异缩小。19世纪90年代中期，俄国大麦消费国的价格由高向低缓慢回落，继而缓慢恢复且小幅攀升，结果这些国家的价格水平趋于下降并向粮食输出国的价格水平靠拢。奥匈帝国的大麦价格受市场影响也趋于均衡，但其仍有一定的独立性。

相关系数显示，各贸易点间的大麦价格彼此密切相关，这表明价格波动存在高度一致性，换言之，价格波动存在一些共同原因。

我们再来考察影响俄国大麦出口价格的某些因素，诸如主要消费国的大麦价格，德国对大麦的需求情况，俄国、德国及美国的大麦产量，俄国的大麦种植面积，以及俄国的大麦出口量等。上述因素均被作为因数列入多元回归方程式，用以求得顿河畔罗斯托夫、敖德萨及塔甘罗格等俄国主要地点的大麦对欧输出口岸的价格。

顿河畔罗斯托夫的大麦价格计算公式如下：

$$\hat{Y} = -12.1594 + 0.7968X_1 + 0.0449X_2 + 0.0416X_3 - 0.8796X_4 - 0.0159X_5$$

在这里，$\hat{Y}$ 为顿河畔罗斯托夫的大麦价格（戈比/普特），X_1 为俄国大麦在柯尼斯堡的价格（戈比/普特），X_2 为德国的大麦需求量（德国自产大麦及进口大麦，百万普特），X_3 为美国的大麦产量（百万普特），X_4 为俄国的大麦种植面积（百万俄亩），X_5 为上一年度俄国的大麦出口量（百万普特）。

该公式总体可信，可信度为99%（$F[5.19]=121.12$），公式中的各项因数在94%的程度上反映了顿河畔罗斯托夫的大麦价格变化。

顿河畔罗斯托夫的大麦价格与俄国在柯尼斯堡的大麦价格变化一致，并在93%（$R^2=93\%$）的程度上反映了柯尼斯堡的大麦价格变化。柯尼斯堡的大麦价格每上涨（下跌）1戈比（相当于1.27%），顿河畔罗斯托夫的大麦价格便会随之上涨（下跌）0.78戈比（相当于1.33%）。顿河畔罗斯托夫大麦价格的变化也深受安特卫普（$R^2=86\%$）及伦敦（$R^2=90\%$）大麦价格变化的影响。

决定顿河畔罗斯托夫大麦价格变化的次要因素是德国的大麦需求量。德国的大麦需求量增长，价格则上涨。美国大麦总产量的提高并没有导致自身价格的下跌，从总体趋势看，反而略有上涨。

俄国大麦种植面积的扩大导致罗斯托夫大麦价格的下跌（因数4）。北高加索（粗放型商品性农业区）大麦种植面积的扩大也导致顿河畔罗斯托夫大麦价格的大幅下跌（在公式中，当我们将俄国的大麦种植面积替换为北高加索的大麦种植面积时，回归系数便会相应增大）。俄国大麦总产量的提高也会导致价格下跌。同理，俄国大麦出口量的增加也会引起价格下跌（因数5）。

塔甘罗格和敖德萨的大麦价格计算公式基本上同顿河畔罗斯托夫的大麦价格计算公式类似。塔甘罗格的大麦价格波动随柯尼斯堡（$R^2=92\%$）、伦敦（$R^2=90\%$）和安特卫普（$R^2=87\%$）大麦价格的波动而波动。含有柯尼斯堡的大麦价格（X_1）、美国的大麦产量（X_2）、德国的大麦需求量（X_3）、1889~1913年俄国的大麦出口量（X_4）及俄国的大麦总产量（X_5）等因数在内的公式如下：

$$\hat{Y} = -9.1424 + 0.7500X_1 + 0.0482X_2 + 0.0373X_3 - 0.0301X_4 - 0.0088X_5$$

柯尼斯堡的大麦价格每上涨（下跌）1戈比（相当于1.27%），塔甘罗格的大麦价格便会随之上涨（下跌）0.75戈比

（相当于1.28%）。塔甘罗格的大麦价格随德国大麦需求量的增加而上涨。塔甘罗格的大麦价格随俄国大麦出口量及总产量的增加（即多元回归方程中的大麦种植面积扩大，可将大麦总产量替代方程中的大麦种植面积）而下跌。

敖德萨的大麦价格随柯尼斯堡（$R^2 = 92\%$）和伦敦（$R^2 = 88\%$）大麦价格的波动而波动，受安特卫普（$R^2 = 62\%$）大麦价格的影响较小。

在敖德萨的大麦价格（$\hat{Y}$）计算公式中含柯尼斯堡的大麦价格（X_1）、德国的大麦需求量（X_2）、1889~1913年俄国的大麦出口量（X_3）、俄国的大麦种植面积（X_4）及美国的大麦产量（X_5）等因数，具体如下：

$$\hat{Y} = -6.0142 + 0.8188X_1 + 0.0530X_2 - 0.0187X_3 - 0.0810X_4 + 0.0750X_5$$

柯尼斯堡的大麦价格每上涨（下跌）1.27%，敖德萨的大麦价格便会随之上涨（下跌）1.25%。敖德萨的大麦价格随德国大麦需求量的增加而上涨。俄国大麦种植面积的扩大及俄国大麦出口量的增加则导致敖德萨的大麦价格下跌。

总之，俄国大麦出口价格的变化与俄国大麦消费国的价格变化类似。诸如德国的大麦需求量、俄国的大麦种植面积、俄国的大麦产量及其出口量等因素作为供求中的成分，无疑会影响欧洲市场的价格水平。上述因素除了影响欧洲市场的价格水平外，也影响俄国大麦的出口价格。德国大麦需求增加导致俄国大麦价格上扬，俄国大麦种植面积扩大及其产量和出口量增加则导致价格下跌。

下面我们来分析玉米贸易。玉米和大麦一样是营养价值高的饲料用作物。在世界范围内玉米比大麦的推广范围更大（至少在所研究时期内世界市场上玉米的贸易量大于大麦）。玉米和大麦是可互相替代的饲料作物。俄国主营大麦，可能是因为其玉米生产遭受过某种损失。

与其他粮食作物（小麦、黑麦、大麦和燕麦）相比，俄国的玉米种植规模要小得多，玉米主要集中于北高加索、外高加索、西南诸省，以及比萨拉比亚和波多利斯的大部分地区。

美国、阿根廷和罗马尼亚是欧洲市场上主要的玉米供应国。俄国在这个市场上的地位微不足道，仅占欧洲市场玉米供应量的10%左右。

英国、德国、荷兰、比利时、丹麦和法国是欧洲市场上玉米的主要消费国。

俄国玉米以向英国出口为主，俄国向其出口的玉米最多，其次是德国、荷兰。19世纪末，俄国向荷兰出口的玉米不多，而20世纪初俄国向荷兰出口的玉米增加，几乎赶上向英国出口的量。俄国对德国的玉米出口量更为平稳。法国居俄国玉米出口的第四位。

19世纪末，美国主导着英国的玉米进口，但有时逊于罗马尼亚，然而到了20世纪初，罗马尼亚则主导了英国的玉米市场。

俄国对英国玉米出口份额波动甚大，1894年由于急于出口因俄国和德国关税战而滞销的上一年的丰富储备，俄国对英国的出口量占其玉米进口量的24%，1905年俄国玉米产区，如比萨拉比亚严重歉收，俄国对英国出口量仅占其玉米进口量的0.1%。

德国玉米市场居欧洲第二位，且成长迅速。玉米市场的发展并不像大麦市场那样快速稳定。在所研究时期，大麦需求量稳定增长，而玉米需求量在诸如德国这种玉米消费大国中则有所不同：19世纪90年代玉米需求量猛增，19世纪末达到最大规模后开始回落，偶有上升。德国农业以畜牧业为主，因而对饲料作物的需求扩大。

美国的大量玉米涌入德国，只是在 1905~1910 年，美国对其出口的绝对量和相对量减少。其他消费美国玉米的国家与其情况类似，但德国对美国玉米的进口量剧减，这是因为德国关税政策使进口美国玉米无利可图，因此对其进口缩减是大势所趋。

俄国在德国玉米市场上的地位比在其他国家更加优越。20 世纪初，随着美国地位的削弱，俄国的地位逐步上升。1893 年俄国和德国发生关税战时，在德国玉米进口中俄国的份额最小（1.1%）。1905 年因俄国玉米严重歉收，美国玉米大丰收，因此俄国对德国的玉米输出份额也很低。1902 年俄国在德国进口玉米中的份额最大，达到 20 世纪头十年的最高水平。一是因为美国玉米出口量非常少，为俄国的玉米出口创造了有利的环境；二是因为俄国当年和前一年玉米大丰收。

1890~1891 年，荷兰的玉米市场规模大约相当于英国的 1/10，但其对饲料的需求量急剧增加，与 19 世纪 90 年代初相比，1912 年荷兰玉米进口增长了近 5 倍，这与其大麦市场大致相同，只不过不如大麦市场发展均衡。

荷兰主要进口美国玉米，但美国在荷兰市场上的地位并不稳固，有些年份荷兰也从比利时和罗马尼亚进口大量玉米。20 世纪，阿根廷在荷兰玉米市场上的地位逐渐增强。

19 世纪末 20 世纪初，俄国在荷兰玉米市场中的份额微不足道，在其他国家情况类似。然而 1902 年是个例外，由于前述原因，俄国出口了大量玉米（占当年世界玉米出口量的 37.1%），超过了其他国家。总之，1905~1910 年俄国玉米出口量大增，在荷兰进口玉米中的份额逐渐上升。

现在以价格为基础分析市场，需要指出的是，价格记载的贸易点不多（见附表10）。俄国的玉米价格是以港口（玉米出口贸易的主要中心）的玉米价格为代表的。国外以利物浦的玉米价格最具代表性，因为它分门别类地统计进口的俄国和美国玉米价格。伦敦的俄国玉米价格代表了英国的玉米价格。荷兰列出的是阿姆斯特丹的美国玉米价格和由敖德萨输往安特卫普的俄国玉米价格。遗憾的是，德国的玉米价格资料缺失（只有布雷斯劳的玉米价格）。

与其他粮食价格不同的是，所研究时期玉米价格持续攀升，无一地点显示玉米价格下跌（所有价格上涨幅度均为正数）。在国外港口中，美国玉米价格大幅上涨，而俄国玉米价格涨幅较慢（见表2-15）。

表2-15 玉米价格变化指标

序号	实际价格（戈比）	平均价格（戈比）		一阶导数	$2a_2/a_1$
		初期	末期		
1	14.1	56.3	79.3	$0.06t+0.96$	0.06
2	23.7	49.9	80.5	$0.16t+1.27$	0.12
3	20.6	95.9	131.1	$0.28t+1.46$	0.19
4	19.8	80.1	103.2	$0.14t+0.96$	0.14
5	44.5	78.7	120.1	$0.36t+1.73$	0.21
6	23.9	78.9	106.6	$0.24t+1.15$	0.21
7	9.8	77.2	94.0	$0.14t+0.70$	0.20
8	28.0	79.8	10.3	$0.16t+0.94$	0.17
9	4.0	78.3	95.5	$0.18t+0.72$	0.25

注：序号与附表10一致。

表2-16显示，不同贸易点的价格差异很大，只有俄国玉米在港口的价格及其在国外的价格比较接近。

表 2-16 玉米价格差异缩小程度指标（对角线以下）及其偶然波动的
线性相关系数（对角线以上）

序号	1	2	3	4	5	6	7	8	9
1	*	82	78	91	71	78	94	73	69
2	H	*	90	69	77	82	80	78	81
3	P	P	*	65	70	78	79	80	87
4	C	H	P	*	70	76	96	91	77
5	P	P	H	P	*	97	76	87	75
6	P	H	P	P	P	*	84	79	68
7	H	H	P	P	P	P	*	69	70
8	C	H	P	C	P	P	P	*	73
9	H	H	P	P	P	P	C	P	*

注：①序号与附表 10 一致。②相关系数乘以 100。③表格中的符号：C 表示根据均衡数据，初期和末期价格差异基本保持不变；H 表示价格差异缩小；P 表示价格差异扩大。

运用分类分析法，将玉米价格分为三组。俄国黑海港口敖德萨和新俄罗斯的价格为第一组，这些价格在所研究时期初期水平较低，但缓慢稳定增长。利物浦和布雷斯劳的美国玉米价格为第二组，这些价格在所研究时期初期水平较高，上涨幅度大但不稳定。伦敦、阿姆斯特丹的价格以及安特卫普、热那亚和利物浦的敖德萨玉米价格构成了过渡性的第三组。阿姆斯特丹的美国玉米价格比较特别：涨幅大、不稳定，与第二组价格更为接近。

这样分组有利于我们比较分析俄国和美国玉米进口国的价格。进口俄国玉米的英国两个地点的价格净上涨大致相当，平均每年为 0.94~0.96 戈比，敖德萨的价格净上涨也大致如此。比利时和意大利的俄国玉米价格净上涨略低一些（每年为 0.70~0.72 戈比）。在英国市场上，美国玉米价格上涨几乎是俄国玉米的 2 倍（每年美国为 1.73 戈比，俄国为 0.94~0.96 戈比）。比起利物浦，阿姆斯特丹的美国玉米价格涨幅较小，但仍然大于其他欧洲地点尤其是安特卫普的俄国玉米价格涨幅。

具有较大系数的相关数据表明,价格波动是诸多影响共同作用的结果。然而,统一市场条件下预期的价格水平趋同情况并未发生。俄国玉米价格和美国玉米价格在欧洲市场上泾渭分明,美国玉米比俄国玉米更受青睐,对二者的评价也逐渐走向两个极端。

我们再来分析影响俄国出口中玉米价格变化的因素。敖德萨玉米价格的计算方程式如下:

$$\hat{Y} = -18.5424 + 0.7207X_1 + 0.9787X_2 - 0.1059X_3 - 0.0547X_4 - 0.0049X_5$$

在这里,X_1 为敖德萨玉米在利物浦的价格(戈比/普特),X_2 为美国的玉米种植面积(戈比/普特),X_3 为俄国 54 个省的玉米产量(百万普特),X_4 为 1889~1913 年俄国的玉米出口量(百万普特),X_5 为德国的玉米进口量(百万普特)。

在这种情况下,$F = 54.42$,换言之,方程式的可信度为 99%;$R^2 = 93.5\%$,也即公式中的因数在 93.5% 的程度上反映了敖德萨玉米价格的变化情况。

敖德萨的玉米价格与俄国玉米在利物浦的价格变化一致,俄国玉米在利物浦的价格在 87.6% 的程度上反映了敖德萨玉米价格的波动。俄国玉米在利物浦的价格每波动 1 戈比(相当于 1.17%),敖德萨的玉米价格也随之波动 0.81 戈比(相当于 1.24%)。在列多元回归方程式时,我们变换了某些因素:俄国玉米在利物浦的价格可依次被俄国玉米在伦敦、安特卫普的价格,美国玉米在利物浦的价格以及布雷斯劳的玉米价格所替换,结果如下。所有公式均被证明是可靠的,其可信度为 99%,不过影响各贸易点价格的因素对敖德萨玉米价格的影响程度不一,其中俄国玉米在利物浦、安特卫普和伦敦的价格因素对敖德萨玉米价格的影响程度(相应为

$R^2 = 93\%$，$R^2 = 91\%$，$R^2 = 90\%$）要明显高于布雷斯劳的玉米价格以及美国玉米在利物浦的价格因素（相应为 $R^2 = 79\%$，$R^2 = 77\%$）。

敖德萨玉米价格的变化与美国玉米种植面积有直接关系：种植面积扩大，价格随之上涨。美国的玉米产量对敖德萨的玉米价格水平有同样的影响（将种植面积改为产量后，公式结果虽有些不尽如人意，但其可信度不变）。俄国玉米产量对敖德萨玉米价格的影响颇为不同（因数3）：玉米丰收导致价格下跌。上一年度俄国玉米出口量增加也会引起敖德萨的玉米价格下跌。因此，俄国玉米产量及其出口量增加，敖德萨的玉米价格下跌，进而导致俄国玉米的国外价格下跌。

新俄罗斯的玉米价格计算公式颇令人满意：

$$\hat{Y} = -14.5764 + 0.6580X_1 + 0.0028X_2 - 0.0393X_3 - 0.0231X_4 - 0.0093X_5$$

在这里，$\hat{Y}$ 为新俄罗斯的玉米价格（戈比/普特），X_1 为布雷斯劳的玉米价格（戈比/普特），X_2 为美国的玉米产量（百万普特），X_3 为德国的玉米进口量（百万普特），X_4 为俄国54个省的玉米产量（百万普特），X_5 为1889~1913年俄国的玉米出口量（百万普特）。

公式是可靠的，可信度为99%（$F[5.19] = 55.24$），公式中的因数在94%的程度上反映了新俄罗斯玉米价格的变化情况。

新俄罗斯的玉米价格与布雷斯劳玉米价格的关系最为密切（$R^2 = 92\%$），同时也受国外其他贸易点价格的影响，但影响力较弱［新俄罗斯玉米价格和敖德萨玉米在安特卫普价格的限定系数为71%，新俄罗斯玉米价格和敖德萨玉米在伦敦价格的限定系数为76%，新俄罗斯玉米价格与美国玉米在利物浦价格的联系

（$R^2=82\%$）比其与俄国玉米价格的联系（$R^2=69\%$）更为紧密]。布雷斯劳的玉米价格每变化1戈比（相当于0.99%），新俄罗斯的玉米价格便会随之变化0.83戈比（相当于1.43%）。

其他影响新俄罗斯玉米价格的因素与影响敖德萨玉米价格的因素大致相同。

因此，俄国的玉米出口价格在很大程度上取决于消费国的价格。俄国的玉米产量及其出口量增加会造成出口价格下跌，而美国的玉米种植面积及其产量增加不但没有使玉米价格下跌，反而使其价格上扬。

总之，19世纪90年代，俄国粮食出口以皮粮为主；20世纪初，饲料作物尤其是大麦的出口量增加。俄国是欧洲市场饲料用大麦的主要供应国，美国和罗马尼亚紧随其后。德国、英国和荷兰是俄国大麦的主要消费国。

在所研究时期，俄国大麦起价低，且保持稳定上涨态势，但是俄国大麦消费国的起价高，增长缓慢，使二者价格差异缩小。价格偶然波动的一致性表明影响价格的因素是一致的。如此，价格分析的结果证明俄国、德国、英国和荷兰均卷入欧洲统一的大麦市场中。

俄国的大麦出口价格与其消费国的价格变动类似。俄国的大麦价格取决于德国对其需求量：需求量增加，价格则上涨。因德国养猪业兴盛，对大麦的需求量不断增加，促使俄国商品性大麦生产增加，德国的关税政策也起到了一定的促进作用。俄国的大麦种植面积扩大，大麦产量及其出口量增加促使大麦出口价格下跌。

在世界市场上，玉米所占份额大于大麦。俄国的玉米生产规模较小，其玉米出口在欧洲市场上微不足道，主要销往英国、德国与荷兰。在所研究时期，美国和罗马尼亚是欧洲市场上玉米的主要供应国。

俄国在玉米市场上的弱势地位影响了其价格。俄国的玉米出口价格与俄国玉米在国外的价格比较接近，但是在所研究时期初期，俄国与美国玉米在消费国的价格差异不但没有缩小，反而有所扩大。俄国和美国玉米的价格差异扩大，并不意味着俄国未参与欧洲市场。通过价格关系分析，不难看出俄国玉米价格与欧洲市场价格形成的过程一致。毫无疑问，俄国纳入了欧洲玉米市场，但仅充当了配角。

第五节　燕麦出口

燕麦是俄国的主要饲料，多用于国内消费。在所研究时期，受国内需求的影响，燕麦的种植面积有所扩大，产量有所增加。俄国向国际市场出口了一小部分燕麦，燕麦的出口率（出口量占64个省产量的比例）从1907年的3.6%上升到1905年的16.9%。在欧洲市场上，英国、荷兰、德国和法国是俄国燕麦的消费国。

俄国燕麦的最大市场是英国。19世纪末20世纪初，英国粮食作物的种植面积减少，粮食自给能力下降，愈加依赖进口粮食。但上述趋势几乎没有影响燕麦的生产与消费，国产优质燕麦顶住了进口燕麦的压力，其品质高于进口燕麦，最后顺利获得在国内市场上的竞争优势。

英国每年进口约5000万普特燕麦，国产燕麦年产量为1.8亿~1.9亿普特。俄国、德国、美国、阿根廷、罗马尼亚和英国殖民地是燕麦的主要出口市场。英国燕麦的进口不存在稳定的贸易关系。19世纪80年代末，英国主要从俄国进口燕麦，而从1890年起，俄国所占份额开始下降，瑞典、美国、加拿大和德国加入英国的燕麦市场。1894~1895年，俄国燕麦减少，逐渐丧失了在英国市场上的地位。19世纪末，美国主导了英国的燕麦市场。20世纪初，俄国燕麦重新确立优势地位，但是德国、美国和加拿大所占份额也不容小觑。从1907年起，俄国份额减少，德国、美国、阿根廷、罗马尼亚、土耳其、智利和英国殖民地（加拿大、新西兰）共同向英国供应燕麦。

德国是俄国燕麦的第二大市场，俄国在此市场的地位更加稳固。德国的燕麦消费量很大。德国的燕麦需求量很大且不断增加，主要靠国内燕麦产量的不断提高才能够满足。在所研究时期内，德国的燕麦产量增长了0.7倍（1911~1913年年均增加5.27亿普特，而1890~1892年年均仅增加3.04亿普特）。到所研究时期末期，德国的燕麦产量为进口燕麦的14倍。应该指出的是，德国不仅进口燕麦，而且出口燕麦。20世纪初，德国燕麦出口量与进口量大致相当，而某些年份出口量甚至超过了进口量。1911~1913年，燕麦净进口量仅占德国现有燕麦量的2%左右。

19世纪80年代末90年代初，德国进口的燕麦主要来自俄国。1892~1893年，俄国粮食严重减产，再加上俄国与德国的关税战，俄国燕麦所占份额大幅下降，这使德国燕麦进口来源地发生了较大的变化。1892年，德国进口燕麦的69.1%来自奥匈帝国，1893年德国继续进口奥匈帝国的燕麦（占进口总量的23.7%），同时增加了罗马尼亚（36.1%）和美国（17.5%）的燕麦进口量。1894年2月，德国对俄国燕麦征收的关税从每普特30.3戈比降至21.2戈比。俄国在与德国进行贸易时享受最惠国待遇，暂时把竞争对手赶出了德国市场。1898~1899年，德国增加了玉米进口而削减了燕麦进口。美国玉米大量流入德国，同时对德国燕麦出口也呈上升趋势。但从 20 世纪初起，德国进口饲料中玉米的比例下降，同时美国对德国出口的燕麦减少，俄国则填补了这个空白。

荷兰免税过境市场对俄国的出口而言意义非凡。在所研究时期内，荷兰燕麦种植面积扩大，产量增加，贸易规模扩大。19 世纪 90 年代初期，荷兰燕麦进口量低于本国产量（1890～1894 年，年均进口量为 851.4 万普特，年均产量为 1330.1 万普特），在第一次世界大战的前 5 年，燕麦年均产量为 1712.0 万普特，年均进口量为 3353.5 万普特。荷兰不仅进口燕麦，而且大量出口燕麦。在所研究时期末期，留在荷兰国内的燕麦份额有所增加。1890～1894 年，荷兰燕麦进出口差额为 145.7 万普特，而 1909～1913 年这一差额则达到 3334.9 万普特。

荷兰主要从俄国进口燕麦。俄国在荷兰和德国市场上地位削弱的时间一致。1892～1893 年，随着俄国燕麦对荷兰出口量的减少，德国、罗马尼亚和美国对荷兰的供应量逐渐增加。1898～1899 年，荷兰饲料品种进口结构改变：玉米进口量增加，燕麦进口量缩减，此时美国出口到荷兰的玉米和燕麦均有所增加。1906 年以来，德国主要从荷兰进口燕麦；1912 年以来，阿根廷对荷兰的燕麦出口明显增加。结果，在 1906～1907 年和 1912～1913 年，俄国出口到荷兰的燕麦已不足其进口量的一半。

19 世纪末 20 世纪初，俄国也向法国出口燕麦。法国燕麦市场比较特殊：进口极不稳定，进口量变化很大，与供应国的贸易关系也不稳定。法国与其殖民地的贸易关系则长期稳定，实行免税政策。俄国燕麦在法国进口中的份额起伏甚大（如 1904 年仅占 2.3%，1905 年则占 65%）。然而，由于法国燕麦自给程度高（1901～1910 年，法国燕麦产量是其进口量的 18 倍），进口燕麦在其消费中所起的作用不大。

通过分析俄国燕麦主要进口国的情况不难发现,19世纪末20世纪初,俄国燕麦在德国和荷兰最有市场,但并不稳固,其次是英国和法国市场。在欧洲市场,美国、罗马尼亚、阿根廷、英国和法国的殖民地以及进口俄国燕麦的德国都是俄国的竞争对手。

И. Д. 科瓦里钦科和 Л. В. 米洛夫[①]通过分析燕麦和黑麦的价格得出结论:比起黑麦贸易,俄国燕麦市场发展更为迅速,19世纪末国际联系更为紧密。研究俄国对外贸易,包括分析商品价格(以史料来源更广泛为基础),以及分析商品流,总体上可以得出大致相同的结论。

在所研究时期,俄国主要通过西北边境出口燕麦,其中很大一部分是通过波罗的海销往国外的。20世纪,虽然燕麦出口在南部边界的重要性提高,但其出口份额还是相当低。白海和俄普陆路边界也出口燕麦,20世纪初俄普陆路边界的作用增强。

我们掌握了11个俄国国内贸易点和9个国外贸易点燕麦价格的数据资料(见附表11)。波罗的海港口的燕麦价格最具代表性。除此之外,还包括俄国国内贸易点以及黑海和亚速海诸港口的燕麦价格。德国、奥匈帝国、英国和美国的燕麦价格代表了国外市场价格。

通过研究燕麦价格实际变化资料(见表2-17)可以发现,所研究时期内多数地点的价格水平不高,而俄国贸易点的价格起点低,价格上涨较明显。这一变化的结果是俄国国内贸易点和国外贸易点的价格水平差异在一定程度上缩小。

---

① *Ковальченко И. Д.*, *Милов Л. В.* Всероссийский аграрный рынок. XVIII-начало XX века. М.: Наука., 1974. С. 228, 382.

表 2-17 燕麦价格变化指标

序号	实际价格（戈比）	平均价格（戈比）		一阶导数	$2a_2/a_1$
		初期	末期		
1	21.0	72.76	97.70	$0.21t + 1.04$	0.20
2	12.8	61.81	96.85	$0.15t + 1.17$	0.13
3	0.6	80.49	91.09	$0.12t + 0.44$	0.27
4	12.6	70.44	91.24	$0.13t + 0.87$	0.15
5	6.7	76.87	93.94	$0.18t + 0.71$	0.25
6	24.4	67.50	89.11	$0.10t + 0.90$	0.11
7	11.2	57.85	75.41	$0.09t + 0.73$	0.12
8	25.3	64.62	97.96	$0.24t + 1.39$	0.17
9	28.8	62.60	95.86	$0.22t + 1.38$	0.16
10	19.3	67.87	84.45	$0.08t + 0.69$	0.12
11	10.6	56.78	75.69	$0.16t + 0.79$	0.20
12	14.0	61.03	86.34	$0.19t + 1.06$	0.18
13	17.8	49.57	70.05	$0.12t + 0.85$	0.14
14	22.7	53.74	77.51	$0.10t + 0.99$	0.10
15	9.1	78.75	99.68	$0.12t + 0.87$	0.14
16	0.9	74.32	85.89	$0.12t + 0.48$	0.25
17	9.5	104.16	129.04	$0.23t + 1.04$	0.22
18	7.9	103.83	133.50	$0.23t + 1.24$	0.18
19	5.5	119.05	149.06	$0.25t + 1.25$	0.20
20	2.3	92.85	131.76	$0.31t + 1.62$	0.19
21	4.9	88.34	129.04	$0.34t + 1.70$	0.20
22	-7.1	92.40	95.85	$0.17t + 0.14$	1.21
23	21.0	103.63	113.92	$0.36t + 0.43$	0.84
24	18.8	85.79	100.84	$0.25t + 0.63$	0.40
25	15.4	77.94	115.77	$0.19t + 1.58$	0.12

注：序号与附表 11 一致。

燕麦价格差异缩小程度指标（见表 2-18）也证明了价格的趋同。但是，奥匈帝国、美国（纽约）的价格和德国一些地方（但泽、曼海姆）的价格与其他多数地方的价格相差甚远。

表 2-18 燕麦价格差异缩小程度指标（对角线以下）及其偶然波动的
线性相关系数（对角线以上）

序号	1	2	3	4	5	6	7	8	9	10	11	12	13	14	15	16	17	18	19	20	21	22	23	24	25
1	*	88	89	82	89	78	85	84	86	77	86	88	86	86	84	81	73	72	66	**44**	**45**	86	82	87	**41**
2	H	*	95	86	97	85	95	94	90	83	94	95	94	93	97	90	86	89	81	58	59	92	77	78	**46**
3	H	H	*	88	94	81	91	87	84	80	88	90	90	87	93	88	81	83	74	61	63	90	75	79	**32**
4	P	P	H	*	83	79	86	84	81	71	83	81	83	81	84	82	81	83	75	51	51	90	69	77	**34**
5	C	H	H	H	*	88	93	92	92	83	93	95	94	94	95	85	83	84	78	54	56	90	75	80	**36**
6	P	P	H	C	H	*	93	90	82	81	85	86	88	88	85	81	78	77	68	**35**	**36**	88	76	75	**35**
7	P	P	P	P	C	P	*	96	86	82	92	92	94	92	92	91	86	87	75	**47**	47	93	80	79	**45**
8	H	H	H	C	H	P	P	*	87	82	93	93	93	92	91	89	85	85	77	**45**	56	92	78	79	**45**
9	H	H	H	H	H	P	P	P	*	84	93	97	94	94	86	79	81	80	71	**38**	**39**	81	72	85	**33**
10	P	H	P	P	C	P	P	P	P	*	89	87	90	93	87	77	64	63	61	**19**	**20**	79	86	81	**26**
11	P	H	P	P	C	C	C	P	P	H	*	99	96	96	91	88	84	83	75	**43**	**43**	88	80	84	**44**
12	C	P	P	P	P	P	P	P	P	P	P	*	94	94	91	88	82	82	75	**46**	47	89	79	83	**44**
13	P	P	P	P	P	P	P	P	H	P	P	P	*	98	94	89	81	81	71	**41**	**41**	88	84	86	**34**
14	C	H	H	H	H	P	P	H	H	P	P	P	C	*	93	84	77	77	71	**34**	**34**	86	85	86	**36**
15	P	H	P	P	H	H	P	P	P	H	P	P	C	C	*	90	83	84	79	52	52	94	81	77	**43**
16	P	P	C	C	P	P	H	H	H	P	P	P	P	P	H	*	84	82	68	54	53	93	80	82	**47**
17	C	H	P	C	P	C	P	H	P	P	P	C	P	C	P	P	*	97	85	67	64	85	58	69	50
18	P	C	P	P	P	P	P	P	P	P	P	P	P	P	P	P	P	*	89	69	68	84	56	63	53
19	P	P	P	P	P	P	P	P	P	P	P	P	P	P	P	P	P	C	*	64	64	77	51	58	53
20	P	P	P	P	P	P	P	P	P	P	P	P	P	P	P	P	P	P	H	*	99	51	**11**	**27**	25
21	P	P	P	P	P	P	P	P	P	P	P	P	P	P	P	P	P	P	H	H	*	51	**10**	**26**	23
22	H	H	H	H	H	H	H	H	H	H	H	H	H	H	H	H	P	P	P	P	P	*	81	82	**48**
23	H	H	C	H	H	H	H	H	H	H	H	H	H	H	H	H	P	P	P	P	P	C	*	87	**44**
24	H	H	H	H	H	H	H	H	H	H	H	H	H	H	H	H	H	P	P	P	P	P	H	*	**32**
25	P	P	P	P	P	P	P	P	P	P	P	P	P	P	P	P	P	P	P	H	H	C	P	P	*

注：①序号与附表11一致。②相关系数乘以100。③加粗的相关系数可能存在误差，概率为5％。④表格中的符号：C表示根据均衡数据，初期和末期价格差异基本保持不变；H表示价格差异缩小；P表示价格差异扩大。

通过分类分析，首先划分出特别的一组，该组的特点是价格水平高且上涨快，安特卫普和伦敦的燕麦价格可划在这一组，其价格水平高，代表进口国的价格。与上组相比，价格涨幅小且极不稳定的划为第二组。其余价格划为第三组，其价格水平和上涨幅度在上述两组中处于中间过渡位置，其中包括俄国国内所有贸易点的价格。

由此可见,燕麦出口国的价格各不相同。俄国主要贸易中心的价格偏低,上涨幅度有限,美国和奥匈帝国的价格起点高,且呈上涨趋势。相关数据反映出大多数贸易点的价格波动存在密切联系,只有维也纳、布达佩斯和纽约的价格波动具有一定的独立性。显然,奥匈帝国和美国的价格变动除受欧洲市场行情影响外,还受其他因素影响。

我们再来分析一下影响俄国燕麦价格变化的诸多因素。首先建立了两个方程式:第一个可求得俄国国内的燕麦价格,第二个可求得俄国出口中心的燕麦价格。

萨拉托夫的燕麦价格演算公式结果令人满意($R^2 = 66\%$),但其自身价格不列为因数。

$$\hat{Y} = 1309.2090 - 19.5116X_1 + 12.5517X_2 - 19.2188X_3 - 4.1217X_4 - 9.8517X_5$$

在这里,X_1为下一年度英国燕麦的自给率(%),X_2为英国的燕麦产量(普特/俄亩),X_3为上一年度德国进口燕麦所占份额(%),X_4为德国的关税(戈比/普特),X_5为上一年度法国燕麦的自给率(%)。

萨拉托夫的燕麦价格取决于英国和法国燕麦的自给率(因数1和因数5)。上述两国燕麦的自给程度越高,换言之,上述两国对进口燕麦的需求越小,俄国最大的国内燕麦市场萨拉托夫的价格就越高。英国的燕麦产量增加(因数2),影响国际市场行情,导致俄国国内的燕麦价格上涨。德国市场对萨拉托夫燕麦价格的影响颇为独特,上一年度德国进口燕麦所占份额越大(因数3),本年度萨拉托夫的燕麦价格就越低,换言之,德国燕麦的自给程度降低也会导致萨拉托夫的燕麦价格下跌。实际上,德国提高关税(因数4)使德国的燕麦价格与国际脱轨,阻碍了进口。俄国对德国的燕麦出口受阻，导致俄国国内的燕麦价格下跌。

燕麦主要出口港利巴瓦的价格演算公式如下（$R^2 = 93\%$）：

$$\hat{Y} = 93.4235 + 0.5376X_1 - 0.00002X_2 - 0.1633X_3 - 0.5967X_4 + 0.2148X_5 + 0.6076X_6$$

在这里，X_1为彼得堡的燕麦价格（戈比/普特），X_2为欧俄50个省的燕麦产量（千普特），X_3为上一年度法国燕麦进口中俄国所占份额（%），X_4为上一年度英国燕麦的自给率（%），X_5为上一年度德国的关税（戈比/普特），X_6为上一年度德国进口燕麦占其消费量的比重（%）。

从公式中可见，利巴瓦的燕麦价格深受彼得堡燕麦价格的影响（因数1）。俄国燕麦产量增加（因数2）会导致出口价格下跌，产量减少则会导致出口价格上涨。俄国在法国燕麦市场上（因数3）的影响力扩大，利巴瓦的燕麦价格便会下跌。英国燕麦的自给程度（因数4）对欧洲市场行情的影响显著并进一步影响俄国的燕麦出口价格：燕麦主要进口国之一——英国燕麦的自给率提高，利巴瓦的燕麦价格便会随之下跌。德国市场对利巴瓦的燕麦价格也有类似影响：进口燕麦在德国消费中所占比重下降（因数6），换言之，德国燕麦的自给率提高，就会导致利巴瓦的燕麦价格下跌。不过德国燕麦市场对利巴瓦燕麦价格的影响更为复杂，因为德国关税提高导致俄国燕麦出口价格上涨（因数5）。

我们简要概括一下俄国的燕麦出口情况。俄国燕麦出口到德国、荷兰和英国市场，在这些市场上俄国受到来自美国、罗马尼亚、奥匈帝国、加拿大和阿根廷的严峻挑战。各国向欧洲市场供应的燕麦价格不一，与其在国际贸易中的地位大体相当。俄国燕麦的出口价格和国内价格均受欧洲市场需求的影响。奥匈帝国向欧洲市场出口燕麦时表现出明显的独立性，维也纳和布达佩斯价格的独立性也反映了这一事实。代表美国价格的纽约价格与欧洲市场价格联系不紧密。

* * *

俄国的粮食出口约占其外贸收入的半壁江山，因此其意义重大。19世纪末，俄国主要出口粮食，20世纪又增加了饲料的出口。俄国是欧洲市场上主要的粮食供应国之一。俄国粮食主要销往英国、德国和荷兰，主要竞争对手是美国。

在分析过程中，价格偶然波动的密切联系证明存在统一的欧洲粮食市场，也证实了俄国与这一市场的紧密联系。价格变动的分析证实了这一结论。俄国的国内价格比国外价格更为稳定，并与国外价格接近。

俄国粮食出口的价格变化与其粮食消费国的价格变化最为密切，黑麦和燕麦的出口价格受国内市场价格的影响更大。俄国国内因素对其国内市场及欧洲市场均产生了重大影响，俄国粮食产量及出口量的增加会导致欧洲市场价格下跌。

俄国在国际市场上的主要竞争对手——德国，也在一定程度上影响了俄国的粮食贸易。德国的贸易与关税政策，以及与此相关的农业生产发展（黑麦生产专门化和畜牧业迅速繁荣）都对俄国粮食贸易产生了显著影响。这种影响不仅体现在俄国粮食出口价格的变化上，而且体现在其粮食出口结构的变化上。

第三章

俄国某些商品的出口与进口

第一节 俄国的煤油出口

19世纪末20世纪初，石油工业是俄国工业部门中唯一具有出口意义的部门。1901～1905年，俄国石油产品年均出口额为5200万卢布，占全俄出口总额的5.7%[1]。

煤油这种主要的石油制品曾是俄国重要的外贸品。最初，俄国需进口石油及煤油，但到1890年，俄国煤油不仅充分满足了内需，而且大量销往国外。1891年起，俄国利用每普特1金卢布的关税实际上禁止了美国石油蒸馏产品的输入，最终导致美国煤油被挤出俄国市场[2]。19世纪末，美国与俄国是世界两个最大的石油生产国。

---

[1] *Даниель-бек П. А.* Русский нефтяной экспорт и мировой рынок в период с 1904 по 1911 г. Экономический этюд. Пг. : Петрогр. политехн. ин-т имп. Петра Великого, 1916. С. 176.

[2] *Куприянова Л. В.* К вопросу о протекционистской политике в нефтяной промышленности России. （По материалам Общества для содействия русской промышленности и торговле）//История СССР. 1980. № 4. С. 167.

最初，美国稳居第一，但到19世纪90年代下半期，新兴的俄国石油工业飞速发展，且超过了美国。俄国一度居世界石油开采量首位，但好景不长，1903年美国石油产量再次领先。此外，若干国家（奥匈帝国、罗马尼亚和英属印度）在世界石油开采量中的份额也有所提升。

美国与俄国是世界上主要的石油开采国，也是石油及石油产品的主要出口国。两国在世界石油开采业中所占的比重都有变化，但在所研究时期内，美国的煤油出口量一直稳居首位。即使在俄国煤油出口最多的1904年，美国的煤油出口量（1.374亿普特）仍超过俄国煤油出口量（0.851亿普特）的0.5倍①。

最初，俄国煤油多向欧洲出口。1890年，俄国出口中70%的煤油销往欧洲市场，此后该份额有所下降，但至1892年，俄国出口的煤油仍在欧洲市场占主导地位（1891年为66%，1892年为60%）②。1894~1906年俄国出口的半数以上的煤油销往东方市场，1906年俄国因出口危机失去了大部分东方市场，出口的大部分煤油再次流入欧洲。

在欧洲，英国和德国是俄国石油及石油产品的最大消费国。

德国市场容量居欧洲第一位，年均照明耗油80万吨③。德国自产煤油有限，虽有高关税④扶持，但进口煤油依旧占优势。最

---

① Общий обзор главных отраслей горной и горнозаводской промышленности. Пг. : тип. И. Флейтмана, 1915. С. 320.
② *Перше С. А.* , *Перше Л. Л.* Русская нефтяная промышленность, ее развитие и современное положение в статистических данных. Тифлис. : тип. К. П. Козловского, 1913. С. 44.
③ ЦГИА СССР. Ф. 23. Оп. 31. Д. 959. Л. 30.
④ 德国照明用油的关税：净重为每普特45.5戈比，毛重为每普特56.9戈比（参见：*Кадер С. А.* Нефть и ее дериваты, как товар и предмет обложения налогом. Обзор финансово-экономической политики в нефтяном деле. Очерк I. Могилев н/Днепре. : типо-лит. Я. Н. Подземского, 1907. С. 88）。

初，美国独占了德国石油市场。从19世纪末起，俄国与美国角逐于德国市场。1901～1904年，俄国煤油年均占德国煤油进口量的13%①，竞争初见成效。但从1905年起，俄国进军德国煤油市场受挫，德国消费的煤油近80%来自美国，俄国煤油的原有份额也被奥匈帝国和罗马尼亚取代。1911年德国消费的煤油中78.1%、15%和5%分别来自美国、奥匈帝国和罗马尼亚，而来自俄国的煤油仅占4.9%②。

欧洲第二大市场为英国。俄国在英国市场上的地位较其在德国市场上的地位更加稳固。1904年，英国消费的煤油近半数来自俄国③。随后俄国石油工业全面滑坡，自然波及其出口。从1905年起，俄国向英国供应的煤油大幅减少，而美国趁机补位：1904～1908年，俄国供应英国煤油的份额下降至34.7%，而美国的份额则上升至28.6%④。

在俄国诸工业部门中，石油工业的垄断性最强，因此石油产品对国内外贸易的影响更大。19世纪90年代至20世纪初，俄国出口欧洲的石油产品被控制在诺贝尔兄弟公司和洛希尔财团的里海-黑海公司手中。19世纪90年代初，这两家公司垄断了俄国对欧洲

---

① См.：Даниель-бек П. А. Русский нефтяной экспорт и мировой рынок в период с 1904 по 1911 г. Экономический этюд. Пг.：Петрогр. политехн. ин-т имп. Петра Великого, 1916. С. 152.
② ЦГИА СССР. Ф. 23. Оп. 31. Д. 1031. Л. 2.
③ Бек П. А. Русский нефтяной экспорт и мировой рынок в период с 1904 по 1911 г. Экономический этюд. Пг.：Петрогр. политехн. ин-т имп. Петра Великого, 1916. С. 148.
④ Даниель-бек П. А. Русский нефтяной экспорт и мировой рынок в период с 1904 по 1911 г. Экономический этюд. Пг.：Петрогр. политехн. ин-т имп. Петра Великого, 1916. С. 149-150.

所有煤油出口量的60%①，到1900年，诺贝尔兄弟公司和洛希尔财团②控制了俄国煤油出口量的60%以上③。第一次世界大战前俄国石油产品对内对外贸易的3/4以上被诺贝尔兄弟公司、俄国石油总公司和英荷壳牌公司三大托拉斯瓜分④。

当时世界石油市场竞争激烈，国际性垄断组织间既有斗争又有暂时妥协。19世纪末20世纪初，美国托拉斯——标准石油公司在世界石油市场上占主导地位。1906年，为了对抗美国标准石油公司，在德国银行的庇护下欧洲所有非美力量成立了国际性的欧洲石油联盟，诺贝尔兄弟公司、里海－黑海公司、曼塔舍夫公司以及罗马尼亚和奥地利的公司纷纷加入。1907年，欧洲石油联盟与美国标准石油公司签订了划分市场的协定，它们分别获得欧洲进口煤油25%与75%的市场份额，这清楚地表明了二者在国际煤油市场上的力量对比⑤。

1910年秋，世界石油贸易实际上已被三个世界性托拉斯——美国标准石油公司、英荷壳牌公司和欧洲石油联盟控制。英荷壳牌公司的贸易活动基本面向远东，但到第一次世界大战前其影响扩大到欧洲，1911年11月，英荷壳牌公司拿下了洛希尔财团的里海－

---

① *Першке С. А.*，*Першке Л. Л.* Русская нефтяная промышленность, ее развитие и современное положение в статистических данных. Тифлисю.: тип. К. П. Козловского, 1913. С. 48.
② 1898年罗斯柴尔德家族为了扩展洛希尔公司而创建了大型石油贸易公司"重油公司"。
③ *Фурсенко А. А.* Нефтяные тресты и мировая политика. 1880-е годы1918 г. М. Л.: Наука, 1965. С. 224.
④ *Зив В. С.* Иностранные капиталы в русской нефтяной промышленности. Пг.: Тип. ред. период. изд. М-ва фин., 1916. С. 60.
⑤ *Фурсенко А. А.* Нефтяные тресты и мировая политика. 1880-е годы1918 г. М. Л.: Наука, 1965. С. 302.

黑海公司和重油公司，这使其在欧洲站稳了脚跟，甚至向俄国国内市场渗透。至此，英荷壳牌公司动摇了欧洲石油联盟的基础，成为美国标准石油公司的有力竞争对手。

石油生产和贸易高度垄断化无疑影响了石油市场的状况。垄断组织靠价格政策获得利益。国家在市场调节中发挥着重要作用，它可以通过关税及税率影响市场，亦可通过价格间接影响市场。因此，研究价格及其影响因素，可以揭示影响市场的因素，从而深入研究俄国的对内对外贸易。

附表12列出了1890～1914年煤油价格的相关数据，我们掌握了俄国主要石油开采中心——巴库的价格资料，其价格不含消费税，火车运输油价是出口价格，船舶运输油价是国内价格。

俄国国内煤油贸易最主要的集散地是察里津和下诺夫哥罗德，两地的煤油价格可以反映国内市场状况。莫斯科和彼得堡的煤油价格则代表国内大型消费中心的价格水平。需要注意的是，俄国各地煤油的市场价格均包含了消费税。

国外煤油价格中纽约和伦敦的价格是本书重点研究的对象，纽约价格反映了世界主要煤油输出国的状况。伦敦价格对于俄美两国来说都极其重要，因为伦敦市场是各主要煤油输出国在欧洲市场上激烈角逐的舞台。

比较巴库煤油出口价格和国内价格后发现，除个别年份（1897年、1905年、1907年和1908年）外，巴库煤油出口价格要高于国内价格。

1892年的经济危机及随后的大萧条导致煤油生产国和消费国的价格大幅下跌。1894年下半年，美国标准石油公司在英德两国的提价导致俄国煤油价格上扬,而巴库煤油出口价格的急剧上涨也使俄国国内煤油价格上涨。巴库煤油价格骤涨与1895年秋巴库至巴统间铁路被洪水冲毁导致的出口货物运输中断数月有关。此后,价格有所回落并趋于平稳。1899~1900年,煤油价格再次猛涨,之后工业高涨被经济危机阻断,煤油价格剧降,这在煤油生产国尤为明显。1903年末,在伦敦煤油价格持续下降的情况下,巴库煤油价格暴涨(9月末为15.5戈比,11月中旬涨至35戈比)①,其原因在于,1903年秋,美国不想拱手让出国际市场,大量收购巴库煤油用于出口。美国主要油田资源枯竭使其陷入危局。但美国石油开采量不减反增,这主要是因为其开垦了新油田,但所产石油提炼煤油的比例较低,这给俄国煤油出口创造了非常有利的外部条件。然而,俄国出口商在伦敦市场上的恶性竞争使俄国煤油价格下跌,因此俄国的优势丧失殆尽。

1905~1907年巴库工人罢工使国家煤油出口量骤降(1904~1906年分别为8522万普特、4115万普特和2555万普特)。俄国石油开采量和提炼煤油量持续减少,由于有原有储量支撑,国内煤油价格只在1907年受到影响。

尽管俄国煤油出口大幅减少,但世界煤油价格并未急剧上扬,这是由于美国和后起的石油生产国填补了这一缺口。

出口危机使俄国处境明显恶化:俄国失去了东方市场,在欧洲市场上的损失虽不大,但也受到美国、奥地利和罗马尼亚的合力夹击。

---

① *Оль П. В.* Русская нефть и ее государственное значение. СПб.: ред. журн. "Море", 1905. С. 1.

从 1907 年起，俄国逐渐增加煤油出口，试图夺回失去的市场。1909 年，美国和俄国竞相向英国倾销煤油，俄国按巴统的成本价出售煤油①，但仍以失败告终。

由于国外市场丧失，俄国煤油出口受到限制，但其石油开采量略有增加，导致 1910 年出现生产过剩危机，煤油价格骤降。从 1911 年起到第一次世界大战前，俄国煤油价格再未下跌。

在所研究时期内，俄国煤油价格整体上扬，只有彼得堡诺贝尔兄弟公司的煤油价格过高，基本保持了所研究时期初期的水平。不同地区的煤油价格上涨情况有别，所研究时期价格见表 3-1。

表 3-1 煤油价格变化指标

序号	实际价格（戈比）	调整后初期价格（戈比）	调整后末期价格（戈比）	一阶导数	$2a_2/a_1$	$a_1/\bar{x}$
1	27.2	13.7	47.8	$0.20t+1.42$	0.14	6.6
2	27.7	14.4	46.4	$0.16t+1.33$	0.12	5.7
3	37.7	78.1	128.2	$0.18t+2.09$	0.09	2.2
4	49.7	107.4	162.9	$0.18t+2.31$	0.08	1.8
5	44.7	80.8	136.4	$0.16t+2.32$	0.07	2.3
6	35.2	81.5	127.0	$0.20t+1.90$	0.10	2.0
7	56.6	85.4	140.4	$0.20t+2.29$	0.09	2.2
8	91.5	82.3	144.0	$-0.14t+2.57$	-0.05	2.1
9	49.5	124.2	177.8	$0.20t+2.23$	0.01	1.5
10	-1.6	159.8	167.8	$0.38t+0.33$	1.55	0.2
11	37.1	124.4	171.7	1.97	0	1.3
12	41.3	81.1	131.6	$0.22t+2.10$	0.10	2.2
13	36.7	85.0	134.8	$0.06t+2.08$	0.03	1.9
14	14.9	65.0	89.6	$-0.04t+1.02$	-0.04	1.3

注：序号与附表 12 一致。

---

① *Ахундов Б. Ю.* Монополистический капитал в дореволюционной бакинской нефтяной промышленности. М.：Соцэкгиз, 1959. C. 177.

巴库和纽约的煤油价格差异缩小，俄国国内各地间的价格差异也在缩小，但同巴库价格相左（见表3-2）。由于煤油价格的类型不一，故实际上不能比较这些价格。煤油价格水平不同并不能说明市场调节缺失，我们可以用客观原因来解释这种差异：价格水平在很大程度上取决于销售地与产地间的距离、运输形式、煤油是否桶装以及是否含消费税等。在这种情况下，我们不能期待各地价格差异出现大幅靠拢。因此，只能借助导数方法有条件地比较分析价格的动态变化（见图3-1）。

察里津、萨拉托夫和下诺夫哥罗德的煤油价格变化相似，在所研究时期内，三地的煤油价格均大幅上涨。伦敦的俄国煤油价格与

表3-2 煤油价格差异缩小程度指标（对角线以下）及其偶然波动的线性相关系数（对角线以上）

序号	1	2	3	4	5	6	7	8	9	10	11	12	13	14
1	*	93	84	71	75	84	80	50	80	**31**	62	68	65	**45**
2	C	*	81	72	85	83	84	55	80	**26**	58	72	70	53
3	P	P	*	87	91	98	92	58	92	50	77	61	58	**32**
4	P	P	P	*	93	88	85	55	83	53	67	69	63	**35**
5	P	P	P	C	*	93	87	54	87	51	73	68	62	**37**
6	P	P	H	P	P	*	92	58	93	50	77	58	54	**32**
7	P	P	P	C	H	P	*	70	95	46	73	63	57	**26**
8	P	P	P	H	P	P	C	*	72	**37**	61	**39**	**30**	7
9	P	P	P	H	P	P	H	H	*	51	83	60	54	18
10	H	H	H	H	H	H	H	H	H	*	51	**12**	**11**	**-5**
11	P	P	P	P	P	P	H	H	H	H	*	**37**	29	**-12**
12	P	P	C	P	P	P	P	P	H	H	H	*	96	64
13	P	P	C	P	P	P	P	P	H	H	H	H	*	76
14	H	H	P	P	P	P	P	P	P	P	P	P	P	*

注：①序号与附表12一致。②相关系数乘以100。③加粗的相关系数可能存在误差，概率为5%。④表格中的符号：C表示根据均衡数据，初期和末期价格差异基本保持不变；H表示价格差异缩小；P表示价格差异扩大。

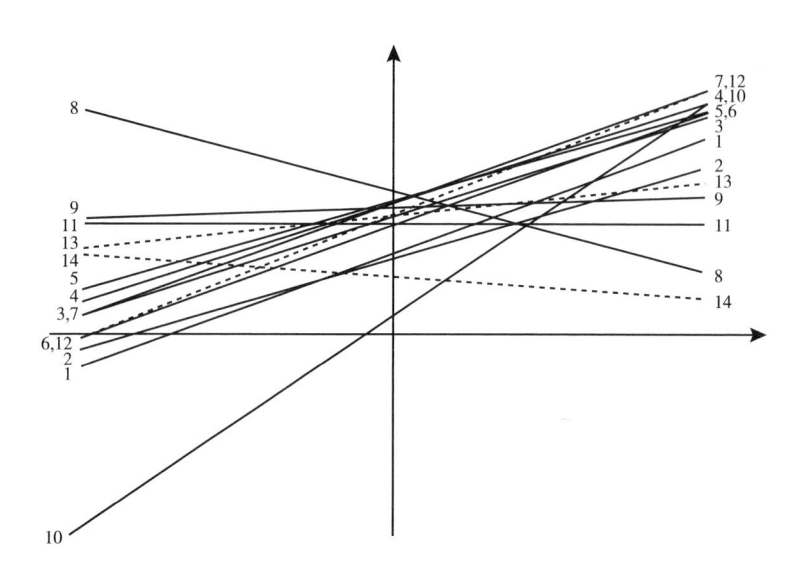

图 3-1 煤油价格增速

注：图中各直线编号与附表 12 一致。

三地的价格相近。总的来看，巴库煤油价格稳中有增，船舶运输的煤油价格比火车运输的煤油价格波动大，且后者的价格变化类似于国内集散市场的煤油价格变化①。巴库煤油价格稳中有增的特点是相对于其绝对增长而言的，若分析所研究时期内各类煤油价格的净增长值（先计算出价格水平差值，然后运用不同价格类型对其进行解释），则出现截然相反的情况：巴库煤油价格的净增长值远高于其他地区。在所研究时期内，巴库最后 5 年煤油的平均价格比最初 5 年高出 2.7 倍，其他地区相应价格指数则低得多。

俄国煤油和美国煤油在伦敦市场上的价格变化不同，美国煤油的价格变化与俄国相比较为稳定。俄国煤油在伦敦市场上的价格变

---

① 需要注意的是，火车运输煤油的价格即出口价格，而船舶运输煤油的价格是国内价格。

化与其在察里津、萨拉托夫和下诺夫哥罗德的价格变化相似,这说明俄国国内外煤油市场间存在一定联系。在所研究时期初期,美国煤油在伦敦市场上的价格变化接近于在纽约市场上的价格变化,但在所研究时期末期则相差较大:美国煤油在伦敦市场上的价格上涨速度加快,而其在纽约市场上的价格上涨速度放缓。显然,美国标准石油公司在国外市场采取的政策较国内更强硬,这是因为这家最大的美国公司与美国政府的关系密切。А. А. 富尔先科援引了美国著名史学家 А. 涅温斯的观点,"洛克菲勒的石油托拉斯在国内的活动受到政府的限制,但在国际市场上则得到了政府的全力支持"①。

俄国大型消费中心的油价波动有所不同。在所研究时期初期,莫斯科罐装煤油价格上涨势头强劲,之后逐渐放缓。在整个研究时期内,莫斯科桶装煤油价格保持高速稳定增长。而在所研究时期初期,彼得堡的煤油价格迅速下跌,随后大幅回升。

相关分析表明,俄国国内各地煤油价格间存在联系。例外的是,彼得堡的煤油价格波动与巴库的煤油价格无关。受诺贝尔兄弟公司控制的彼得堡的煤油价格与俄国其他贸易点的煤油价格联系不大。纽约的煤油价格与俄国各地的煤油价格联系不大,仅与巴库的煤油出口价格存在联系。伦敦市场上俄国的煤油价格和美国的煤油价格与俄国各地的煤油价格均有联系。

我们来分析一下影响煤油价格变化的因素。下列多元回归方程式可求得火车运输的巴库煤油价格(即巴库的煤油出口价格):

---

① *Фурсенко А. А.* Нефтяные войны(конец XIX начало XX в.). Л. : Наука: Ленингр. отд-ние, 1985. С. 40.

$$\hat{Y} = -29.8428 + 0.5270X_1 + 15.0303X_2 - 0.0616X_3 - 0.0075X_4$$

方程式中，$\hat{Y}$为巴库的煤油出口价格（戈比/普特），X_1为伦敦的俄国煤油价格（戈比/普特），X_2为每普特煤油的消费税（卢布），X_3为当年俄国的煤油出口量（百万普特），X_4为俄国的石油开采量（百万普特）。

该公式的可信度为99%，因为 $F[4.20]=27.50$，而表中相应的值为 $F[4.20]=4.43$。众因数在85%的程度上决定了巴库煤油出口价格的变化（$R^2=85\%$）。

公式中的诸多因数中，最重要的是伦敦的俄国煤油价格（因数1），因为该因数的限定系数高达81%，换言之，巴库的煤油出口价格变化有81%取决于伦敦的俄国煤油价格波动。当伦敦的俄国煤油价格每普特上涨（或下降）1戈比时，巴库的煤油出口价格便会随之上涨（或下降）0.5戈比。

上述限定系数表明价格间相互影响。为了分析伦敦的俄国煤油价格与俄国煤油出口价格之间的相互影响关系，我们列出了如下单因素方程式：

$$\hat{Y} = 62.8594 + 1.4344X_1, X_1 = -31.4097 + 0.5681Y$$

方程式中，$\hat{Y}$为伦敦的俄国煤油价格（戈比/普特），X_1为巴库的煤油出口价格（戈比/普特）。

从方程式中可见，巴库的煤油出口价格每普特上涨1戈比，伦敦的俄国煤油价格便会随之上涨1.43戈比。伦敦的俄国煤油价格每普特上涨1戈比，巴库的煤油出口价格便会随之上涨0.56戈比。由于两地价格水平截然不同，为使结果具有可比性，需要计算价格净增长与其相应平均值的比值，所得结果如下：巴库的煤油出口价格每普特上涨 4.3%，伦敦的俄国煤油价格便会随之上涨 1.4%；伦敦的俄国煤油价格每普特上涨 1%，巴库的煤油出口价格便会随之上涨 2.4%。伦敦的俄国煤油价格远比巴库的煤油出口价格稳定（二者的变化系数分别为 54.4% 和 20.9%），伦敦的俄国煤油价格对巴库煤油出口价格的影响更大，且呈负相关关系。

对巴库的煤油出口价格起次要作用的因数是煤油消费税。煤油消费税每普特提高 1 卢布，巴库的煤油出口价格就会上涨 15 戈比。消费税是国内油价的组成部分，所以影响了国内价格，显然也影响了出口价格。因数 3 和因数 4 与巴库的煤油出口价格呈负相关关系：俄国的石油开采量增加，其煤油出口量也增加。换言之，煤油供应量增加，巴库的煤油出口价格便下降；反之，煤油供应量减少，巴库的煤油出口价格便上涨。由于方程中伦敦的俄国煤油价格水平是供需平衡（俄国的煤油出口量只是供应量的一部分）的结果，因此俄国的煤油出口量增加对其影响不大。用上一年度俄国的煤油出口量代替当年度的出口量后，结果几乎不变（上一年度出口量的影响更为明显，其绝对值系数更大）。

我们来分析影响俄国国内煤油价格变化的因素。俄国主要煤油集散地下诺夫哥罗德的煤油价格计算公式如下：

$$\hat{Y} = 63.8368 + 1.2708X_1 + 0.0237X_2 - 0.0712X_3 + 7.5677X_4$$

方程式中，$\hat{Y}$ 为下诺夫哥罗德的煤油价格（戈比/普特），X_1 为船舶运输的巴库煤油价格（即国内市场煤油价格，以下简称巴库的煤油价格，戈比/普特），X_2 为俄国的石油开采量（百万普特），X_3 为当年俄国的煤油出口量（百万普特），X_4 为每普特煤油的消费税（卢布）。

该公式总体可信度为99% （$F[4.20] = 54.62$）。公式中因数可以在92%的程度上说明下诺夫哥罗德煤油价格的变化。

巴库的煤油价格对下诺夫哥罗德煤油价格的影响最大。巴库煤油价格的变化在89%的程度上决定了下诺夫哥罗德煤油价格的变化（$R^2 = 89\%$），巴库的煤油价格每普特上涨（或下跌）1戈比（即原售价的4.7%），下诺夫哥罗德的煤油价格便会随之上涨（或下跌）1.3戈比（即原售价的1.2%）。

影响下诺夫哥罗德煤油价格的第二大因素是俄国的石油开采量，开采量增加不会导致价格上涨。煤油出口量变化既影响了下诺夫哥罗德的煤油价格，也影响了煤油的出口价格：出口量与价格变化呈负相关关系。换言之，国内煤油价格的下跌会使煤油出口量增加。影响下诺夫哥罗德煤油价格的第四大因素是消费税：税额提高，价格上涨。

下诺夫哥罗德的煤油价格与伦敦的俄国煤油价格联系密切。以伦敦的俄国煤油价格替代巴库的煤油价格后，多元回归方程式所得结果不尽如人意（$F[4.20] = 28.79$，$R^2 = 85\%$），但该方程式仍十分可信，国际煤油价格对下诺夫哥罗德煤油价格的影响就会十分明确（$R^2 = 77\%$）。

莫斯科是俄国重要的煤油消费地，其罐装煤油价格的计算公式如下：

$$\hat{Y} = 74.2790 + 1.0848X_1 + 0.0296X_2 + 14.4448X_3 + 0.0240X_4$$

方程式中，$\hat{Y}$为莫斯科的罐装煤油价格（以下简称莫斯科的煤油价格，戈比/普特），X_1为巴库的煤油价格（戈比/普特），X_2为俄国的石油开采量（百万普特），X_3为每普特煤油的消费税（卢布），X_4为俄国的煤油出口量（百万普特）。

该公式十分可信（$F[4.20]=40.65$），方程中的因数在89%的程度上说明了莫斯科煤油价格的变化。

影响莫斯科煤油价格的主要因素是销往国内的巴库煤油价格。巴库的煤油价格在80%的程度上决定了莫斯科煤油价格的变化。巴库的煤油价格每普特上涨（或下跌）1戈比（即原售价的4.7%），莫斯科的煤油价格便会随之上涨（或下跌）1.1戈比（即原售价的0.9%）。莫斯科的煤油价格同伦敦的俄国煤油价格也息息相关（用伦敦的俄国煤油价格替换巴库的煤油价格后，该方程依旧成立：$F[4.20]=23.32$）[①]。

莫斯科的煤油价格随石油开采量和煤油出口量的增加而上涨。俄国煤油出口量增加导致国内市场供应量相对减少，因此国内煤油主要消费市场——莫斯科的价格上涨。不过，此种关系并不稳定。将方程式中巴库的煤油价格替换为伦敦的俄国煤油价格后会得出相反的结论：国内市场煤油价格下跌，出口增加。影响莫斯科煤油价格的第三大因素是消费税。

借助多元回归方程分析煤油价格可知：俄国的煤油出口价格深受国际煤油价格的影响，俄国国内煤油价格主要取决于巴库的煤油价格。国内煤油价格变化与国际煤油价格变化也存在微弱的联系。

---

① 可见，影响国内市场煤油价格的不仅仅是巴库的煤油价格，还有国际煤油价格，这是从相关分析的结果中得出的结论。П. А. 埃尼埃尔－贝克认为，巴库的煤油价格并未影响到俄国国内煤油价格。他试图通过此观点论证巴库的煤油价格政策并未影响到国内消费（参见：*Даниель-бек П. А.* Русский нефтяной экспорт и мировой рынок в период с 1904 по 1911 г. Экономический этюд. Пг.：Петрогр. политехн. ин-т имп. Петра Великого, 1916. C. 122），然而他的观点毫无根据。

另一个影响俄国煤油出口价格的重要因素是消费税。国内煤油价格本身包含消费税，因此自然受消费税制约，但是长远来看，消费税对煤油出口价格的影响要大于其对国内煤油价格的影响。煤油消费税每普特提高 10 戈比，巴库的煤油出口价格便会随之提高 6.5%，莫斯科和下诺夫哥罗德的煤油出口价格则分别提高 1.2% 和 0.7%。

影响俄国煤油出口价格的第三个因素是其出口量。俄国煤油出口量增加，煤油消费国供应量就增加，国外市场的煤油价格便降低。煤油出口量对国内价格的影响相同只是较弱，国内市场价格下降，出口量增加。为稳定国内煤油价格，价格下降，则增加出口；价格上涨，则减少出口。

影响俄国煤油出口价格的最后一个因素是 1905 年俄国煤油出口危机，其出口量锐减（不及 1904 年的 1/2），1906 年危机进一步加深（出口量甚至不及 1904 年的 1/3），俄国长久以来难以摆脱这场危机的影响（直到第一次世界大战前的 1913 年，俄国煤油出口量才接近 1890 年的出口量）。在这一时期，尤其是 1912～1914 年，各地煤油价格走高。如此看来，俄国出口危机使煤油出口价格水平和出口量间呈现明显的反比例关系。

尽管我们已经获悉，出口危机对俄国煤油出口价格和出口量间关系的影响很大，但我们需要构建莫斯科煤油价格的多元回归方程，以此分析二者的直接关系及其重要性。煤油出口量增加，莫斯科的煤油价格上涨。出口增加，国内市场上的煤油供应量相对减少，莫斯科是俄国主要的煤油消费市场，其价格因而上涨。因此，国内消费得到了调节，换言之，国内消费受到了限制。在此应指出，俄国人均煤油消费量很低，1900 年为 13 磅，同年，英国为 35.6 磅，德国为 40.7 磅，比利时为 57.2 磅，荷兰为 79.2 磅①。

俄国石油开采量增加，煤油出口价格下降，国内价格上涨。换言之，石油开采量增加并不能扩大国内市场，石油开采量减少也不会抑制国内消费。俄国国内市场发展缓慢，直至发生出口危机时，俄国煤油需求量的增速（3.6%）也不及开采量和出口量的增速（分别为 6.8% 和 6.0%）。

我们分析影响俄国煤油国内价格和出口价格变动的因素，发现俄国国内外市场间的联系密切，这一点首先表现在国内价格与出口价格波动的一致性上。

国内价格对出口价格有一定的影响。消费税提高，导致国内煤油价格上涨，消费者购买煤油的价格提高了，但对销售者而言，并未直接增加利润。消费税提高也导致出口价格上涨，继而影响了国内外市场间的关系。可见，消费税提高，煤油的出口价格和国内价格均呈增长趋势，但有所不同的是，俄国所产煤油从国内市场转向国外市场。

俄国煤油出口量增加导致出口价格下跌，这在很大程度上提升了俄国煤油在国际市场上的竞争力，但也引起莫斯科煤油价格上扬，这说明出口对国内市场具有调节作用。同样，石油开采量变化也能调节国内市场。

国内煤油市场上的限制政策刺激了出口，但在国际石油工业及

---

① Кадер С. А. Нефть и ее дериваты, как товар и предмет обложения налогом. Обзор финансово-экономической политики в нефтяном деле. Очерк I. Могилев н/Днепре：типо-лит. Я. Н. Подземского, 1907. С. 198–199.

其贸易高度垄断化的情况下，出口量并非取决于出口利润，而是取决于世界市场上竞争者间的力量对比。美国标准石油公司是俄国煤油在国际市场上的有力竞争对手。美国标准石油公司在这场竞争中除实行倾销政策（1904年和1909年）、收购俄国煤油外①，还采用了其他手段排挤俄国。结果俄国煤油出口时会蚀本。但俄国石油加工业需要国外销售市场，在激烈的竞争下，俄国出口商为打开国外市场被迫做赔本的生意。通常，在一个市场蚀本可通过另一个市场上的暴利补回。因此，俄国那些兼营对内对外贸易的公司所处境况极为有利，它们善于利用两种市场的行情，最终获利甚丰。占据俄国国内煤油贸易半壁江山的诺贝尔兄弟公司兼顾了国内外市场②，所获利润远远超过俄国石油工业的平均利润（见表3-3）。

在俄国，煤油出口问题极为突出，这不仅是因为国内市场上的限制政策，而且是因为国内煤油生产与其能源供应紧密地联系在一起。

19世纪末20世纪初，世界石油产品贸易以煤油为主，因为当时煤油是主要照明用油，而石油的用途并不广。石油生产国的石油加工业大多以提炼煤油为主。俄国则不同，它将重油生产作为石油

---

① 美国标准石油公司屡次收购俄国的巴库煤油，规模最大的一次行动是在1903年，当时该石油托拉斯在当地代理商的掩饰下，采购了700万普特煤油，这已超过该年俄国对德国的出口总量。参见：Бакинские известия. 1903. 18 ноября（1 декабря）；Фурсенко А. А. Нефтяные тресты и мировая политика. 1880-е годы1918 г. М. Л.：Наука, 1965. С. 236。

② 1901年，俄国国内煤油市场上诺贝尔兄弟公司所占份额为40.0%，1910年上升至51.4%。1901年，全俄煤油出口量中，该公司所占份额为16.4%，1910年上升至31.4%。参见：Дьяконова И. А. Нобелевская корпорация в России. М.：Мысль, 1980. С. 126。

表 3-3 盈利率（初始总利润和总股份资本之比）

单位：%

年份	全俄石油工业	诺贝尔兄弟公司	年份	全俄石油工业	诺贝尔兄弟公司
1897	17.4	16.8	1906	23.3	49.2
1898	19.7	22.2	1907	18.0	53.5
1899	20.3	40.6	1908	12.2	38.1
1900	27.6	56.4	1909	21.8	36.0
1901	13.2	37.0	1910	12.3	40.4
1902	7.4	26.3	1911	16.0	37.8
1903	6.6	30.5	1912	26.3	46.1
1904	缺少信息	27.3	1913	28.7	60.9
1905	8.4	32.7	1914	24.8	56.0

资料来源：Дьяконова И. А. Нобелевская корпорация в России. М.：Мысль，1980. С. 97。

加工的主业。当时多数发达国家（英国、德国和美国）以煤炭为主要能源，在俄国则以重油为主要能源[1]。

俄国能源结构的形成及其发展在某种程度上系垄断组织的针对性政策所致，它直接影响着俄国石油产品的出口。作为俄国能源的重油是从石油中提炼煤油时的副产品，对重油的需求刺激了煤油的大规模生产。由于消费税过高，煤油价格居高不下，国内煤油市场发展缓慢。诺贝尔兄弟公司希望打开国内的液体燃料市场，因此需要将煤油销往国外，但是国外市场对俄国煤油的需求量减少，于是只能通过压缩煤油生产来改变国家的能源结构。

研究煤油贸易可得出如下结论。石油是俄国的主要出口产品。英国和德国是俄国煤油在欧洲市场上的主要消费国。在整个研究时

---

[1] Дьяконова И. А. Нобелевская корпорация в России. М.：Мысль，1980. С. 5-6.

期，美国是俄国最有力的竞争对手（主要来自美国标准石油公司）。20世纪初，奥匈帝国和罗马尼亚也成为俄国的竞争对手。由于主要石油生产国和国际市场上的石油工业及其贸易的垄断化程度颇高，因此主要煤油出口国在世界市场上，特别是欧洲市场上的竞争异常激烈。

俄国和美国是欧洲市场的两个主要煤油供应国，二者的石油出口价格存在联系；英国是欧洲最大的煤油消费国之一，煤油出口国价格与英国的煤油价格也存在联系。这两点便证明欧洲存在统一的煤油市场。俄国国内外煤油市场间也有联系，其价格波动具有一致性。通过分析影响价格的因素，可以揭示垄断组织和政府在国内外市场上所实行的政策。

俄国的煤油出口价格在很大程度上取决于国际价格，国内煤油价格也取决于国际价格，但受巴库煤油价格的影响更大。此外，俄国煤油的国内价格及其出口价格均受国家税收政策的影响：消费税增加，国内价格（直接）和出口价格（间接）上涨，并以有利于国外市场的导向重新分配俄国煤油产品。俄国的垄断组织受国家扶持，增强这些垄断组织的倾向性不言自明。调整价格政策使俄国石油开采量增加，在国内市场容量有限的情况下刺激了出口。出口量增加不仅调节了国内市场，而且提高了俄国煤油在国外市场上的竞争力。

19世纪末20世纪初，液体燃料成为俄国能源结构的新需求。俄国煤油提炼量远远超出了国内市场有限的消费需求，所需的液体燃料重油数量也足够充裕。俄国将多余的煤油销往竞争激烈的国外市场。俄国煤油出口时会蚀本，只有那些兼顾国内外市场的公司才能处于最佳境况。

液体燃料冲击了原有国家能源结构，其替代品煤炭首当其冲。

第二节　俄国进口的煤炭

19 世纪末 20 世纪初，煤炭是主要能源。据专家计算①，1909 年，煤炭、石油、天然气和水能分别占全世界能源消费总量的 93.4%、2.5%、1.7% 和 2.4%。煤炭在国家工业发展中具有重要作用。煤炭在俄国能源结构中的作用远不如其他国家那样关键。

1904~1914 年，俄国煤炭开采量增长 72%②，但同期国内煤炭消费量增长近 1 倍。国内煤炭开采量增长速度落后于消费量增长速度，这一缺口靠进口弥补。

本国煤炭开采不足并非俄国进口煤炭的唯一原因。顿涅茨克和东布罗夫斯基地区是俄国的主要矿区，两地煤炭产量占俄国煤炭总产量的 9/10③，分别供应欧俄南部和波兰王国。由于煤炭产地距离消费地过远，故向国内某些地区供应煤炭会蚀本。例如，从顿涅茨克矿区到彼得堡的煤炭运输费为每普特 14 戈比④。经海路运抵俄国的英国煤炭则更为有利，因为运费加关税仅为每普特 5~7 戈比。俄国进口煤炭的另一个重要原因是东布罗夫斯基的煤炭质地特殊，

---

① Зак А. И. Мировое снабжение углем. 1903 – 1919 гг. М.: Гос. изд-во. Уральское обл. Отд., 1921. С. 9.
② Зак А. И. Мировое снабжение углем. 1903 – 1919 гг. М.: Гос. изд-во. Уральское обл. Отд., 1921. С. 16 – 17.
③ Ден В. Э. Каменноугольная и железоделательная промышленность. СПб.: Студ. касса взаимопомощи при Спб. политехн. ин-те имп. Петра Великого, 1912. С. 41.
④ Брандт Б. Ф. Торгово-промышленный кризис в Западной Европе и в России (1900 – 1902 гг.). СПб.: тип. В. Ф. Киршбаума, 1904. Ч. 2. С. 77.

不适宜炼焦炭，因此其邻近地区的冶金企业也只能使用进口煤炭。波兰王国的冶金工厂使用西里西亚的焦炭，因为它比顿涅茨克的焦炭廉价（前者为每普特20戈比，后者为每普特27~29戈比）①。

第一次世界大战前，英国煤炭出口量居世界首位，其主要竞争对手是美国，到1900年美国煤炭产量已超过德国。俄国进口的煤炭主要来自英德两国。

根据《1890~1914年俄国与欧洲及亚洲邻国外贸概览》，我们核算了英德两国供应俄国煤炭的份额（见表3-4）。

表3-4 俄国煤炭进口份额相关数据

年份	欧洲边界进口量所占份额(%)		俄国自产（千普特）	从国外进口（千普特）	进口总量（千普特）	产品自给率(%)	进口量所占份额(%)	
	英国	德国					彼得堡	黑海港口
1890	89.9	9.2	367	106	472	77.8	61.0	10.1
1891	90.8	8.6	380	107	486	78.2	61.5	8.0
1892	91.7	7.8	424	102	526	80.6	67.8	2.4
1893	90.6	7.0	465	122	587	79.2	69.0	4.1
1894	89.4	9.6	527	138	665	79.2	64.5	5.6
1895	88.1	10.0	555	137	692	80.2	65.5	5.0
1896	85.3	13.0	572	143	714	80.1	62.5	4.3
1897	79.3	17.2	684	154	836	81.8	59.2	2.9
1898	72.4	20.3	751	182	930	80.8	58.7	1.6
1899	74.4	18.3	853	273	1125	75.8	49.2	6.2
1900	60.0	25.5	986	274	1259	78.3	41.5	7.4
1901	69.8	28.5	1009	224	1232	81.9	45.1	3.4
1902	74.7	22.0	1005	206	1208	83.2	50.9	0.7
1903	74.2	23.5	1091	213	1299	84.0	49.7	0.9

① *Пустула Збигнев.* Монополии в металлургической промышленности Царства Польского и их участие в "Продамете" //Исторические записки. М.：Академия Наук СССР., 1958. Т. 62. С. 86.

续表

年份	欧洲边界进口量所占份额(%)		俄国自产(千普特)	从国外进口(千普特)	进口总量(千普特)	产品自给率(%)	进口量所占份额(%)	
	英国	德国					彼得堡	黑海港口
1904	81.6	20.3	1197	237	1428	83.8	47.2	2.6
1905	72.0	23.8	1140	253	1390	82.0	47.7	1.4
1906	69.0	26.8	1326	268	1587	83.6	44.4	2.0
1907	70.4	27.3	1587	250	1824	87.0	46.9	0.7
1908	73.4	25.7	1397	269	1661	84.1	50.1	0.7
1909	67.4	29.3	1637	266	1898	86.2	49.0	0.3
1910	58.0	36.6	1525	287	1806	84.4	45.4	1.9
1911	56.4	39.7	1735	323	2052	84.6	39.9	0.4
1912	55.9	41.3	1904	371	2262	84.2	36.6	0.0
1913	54.4	41.2	2196	533	2723	80.6	缺少信息	4.0
1914	52.8	45.1	2176	331	2504	86.9	缺少信息	2.4

注：表格中个别数据有偏差，原文如此。

资料来源：Обзор внешней торговли России по европейской и азиатской границам. СПб.: Ежегодник Министерства финансов, 1891 – 1915/16; Общий обзор главных отраслей горной и горнозаводской промышленности. Пг.: тип. И. Флейтмана, 1915; Сборник статистических сведений о горнозаводской промышленности России в ... году. СПб.: Горный учен. ком., 1889 – 1918。

19 世纪 90 年代初期，英国在俄国煤炭市场上一枝独秀，但从 90 年代中期起德国对俄煤炭出口持续增长，英国的地位不保。德国和英国向俄国出口的煤炭量均呈上升趋势（与 1890 年相比，1912 年和 1913 年分别增长 1 倍和 2 倍），但德国煤炭出口量的增幅更高（与 1890 年相比，1912 年和 1913 年分别增长 14 倍和 21 倍）。

俄国煤炭市场对于英德两国都不是主要的市场。1913 年，德国向俄国出口的煤炭仅占其煤炭出口总量的 5.7%（俄国仅是德国煤炭市场的第六大出口国）。同年，英国向俄国出口的煤炭仅占其煤炭出口总量的 8.3%（俄国仅是英国煤炭市场的第四大出口国）。

我们还研究了 1890 ~ 1914 年俄国煤炭开采量、消费量和进口量的变化情况。从表3-4可知，俄国煤炭开采量平稳增长，即使在1901~1902年危机期间也未受到影响（仅顿河地区的开采量稍有减少）①。俄国煤炭进口量的增势不太稳定。19世纪末，即使在1899~1900年欧洲煤炭匮乏的情况下，俄国煤炭进口量依旧逐年递增，只在1901~1902年危机时进口量缩减，此后又几经波动，但总体呈增长态势。

我们借助导数分析法比较了俄国煤炭开采量、消费量和进口量随时间的增长速度（见图3-2）。从图3-2可以清晰地看出，煤炭开采量（直线Ⅰ）的增长速度远比煤炭进口量（直线Ⅱ）的增长速度快得多，煤炭开采量的增长速度决定了煤炭消费量（直线Ⅲ）的增长速度。煤炭消费量在很大程度上取决于其开采量（见表3-4中的产品自给率）。如此看来，煤炭进口量对消费量的影响小于开采量对消费量的影响。如果俄国煤炭消费水平与其他国家相比不是极低，那么表3-5反映的信息便是不争的事实。

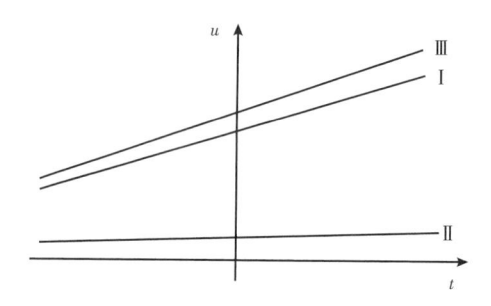

图3-2 煤炭开采量（直线Ⅰ）、进口量（直线Ⅱ）、消费量（直线Ⅲ）的增长速度

---

① Ден В. Э. Каменноугольная и железоделательная промышленность. СПб.: Студ. касса взаимопомощи при Спб. политехн. ин-те имп. Петра Великого, 1912. С. 86.

表 3-5 1893 年某些国家的人均煤炭（包括褐煤）消费量

单位：普特

国家	消费量	国家	消费量	国家	消费量
英国	250	美国	150	法国	60
比利时	200	德国	120	俄国	4.9

资料来源：См.：Ден В. Э. Каменноугольная и железоделательная промышленность. СПб.：Студ. касса взаимопомощи при Спб. политехн. ин-те имп. Петра Великого, 1912. С. 78。

煤炭进口量和消费量的增长受国家关税政策的制约。1891 年 6 月 11 日的税制和 1892 年 5 月 5 日的补充条款规定，经黑海和亚速海输入的煤炭每普特征收关税 6 戈比。如此之高的关税有效地保护了顿涅茨克煤炭免受外国煤炭的冲击。经波罗的海进口的煤炭关税仅为南部边境（1.5 戈比）的 1/4，这对俄国西北地区进口煤炭相当有利。西部陆路边境的关税为每普特 3 戈比，但事实上根据与德国和奥匈帝国的贸易协定，每普特只征收 1.5 戈比。

俄国的关税政策抑制了外国廉价煤炭的流入，最终限制了国家的煤炭供应。垄断组织也起了同样的作用[1]。据 П. В. 沃罗布耶夫统计，1913 年顿涅茨矿区实际产煤量为 15.609 亿普特，比预计产煤量少 5 亿普特[2]。国内的煤炭供应以国产煤炭为主，进口受到人为限制。然而，国内煤炭需求量剧增，因为工业发展和铁路运输都需要燃料。煤炭供应越来越不能满足需求，1911 年俄国出现燃料

---

[1] 煤炭销售辛迪加（顿涅茨克矿区的矿物燃料贸易组织）在全俄煤炭工业中处于主导地位（参见：Волобуев П. В. Топливный кризис и монополии в России накануне первой мировой войны // Вопросы истории. 1957. № 1. С. 34-35）。

[2] Волобуев П. В. Топливный кризис и монополии в России накануне первой мировой войны // Вопросы истории. 1957. № 1. С. 36-37.

荒，最初表现为液体燃料严重不足。煤炭长期供不应求，还因为石油生产不足而改为使用固体燃料，进而导致国家出现煤炭荒。在这种情况下，煤炭产量和进口量持续快速增长。1890~1914年，采煤量年均增长7.7%；1910~1913年，采煤量年均增长12.9%，几乎是1890~1914年的2倍。1890~1913年，煤炭进口量年均增长7.6%；1910~1913年，煤炭进口量年均增长23%，相当于1890~1913年的3倍多。

煤炭荒导致进口煤数量的增幅（23%）相对高于国产煤数量的增幅（12.9%），而实际上国产煤在满足本国需求时所起的作用更大。一些冶金工厂（煤炭的主要消费者）购置煤田，实现了煤炭自给。20世纪初，俄国托拉斯进程加快：1907年，这类联合企业的产煤量占整个顿涅茨克产煤量的17.3%，到1913年翻了近一倍，高达34%①。

即便如此，进口煤炭在俄国煤炭供应中仍具有重要意义。19世纪80年代末90年代初，俄国进口的大部分煤炭要经彼得堡和黑海输入（见表3-6）。俄国的关税政策致使从黑海进口的煤炭量减少，该亏空最初由彼得堡进口的煤炭补充，但到19世纪90年代末，由于大量德国煤炭经西部陆路边境进入俄国，彼得堡这个主要煤炭消费地及进口煤炭集散地的作用逐渐弱化。不过，彼得堡的煤炭进口量依旧持续增长，到第一次世界大战前，已比1890年多1倍。

---

① Волобуев П. В. Из истории синдиката "Продуголь" //Исторические записки. 1956. Т. 58. С. 123.

表3-6 煤炭价格变化指数

序号	实际价格（戈比）	调整后的价格（戈比）		第一导数	1890~1897年的价格与平均价格之比					
		初期	末期		1899年	1900年	1911年	1912年	1913年	1914年
1	18.5	19.3	32.2	$0.006t + 0.053$	145	176	146	172	174	212
2	8.1	16.6	24.6	$0.004t + 0.034$	136	168	128	166	169	166
3	8.2	16.8	24.0	$0.006t + 0.030$	132	167	122	165	173	169
4	8.5	17.2	25.4	$0.004t + 9.034$	133	170	128	165	170	167
5	19.0	18.0	29.4	$0.008t + 0.047$	127	164	134	158	169	227
6	13.0	14.9	23.0	$0.004t + 0.340$	108	149	122	125	174	185
7	9.9	12.8	20.2	$0.004t + 0.031$	127	149	129	148	192	174
8	3.3	11.4	18.6	0.030	125	177	139	156	171	158
9	1.3	11.0	14.2	$0.002t + 0.013$	124	167	114	131	152	131
10	-0.5	12.2	13.5	$0.002t + 0.005$	105	149	102	129	120	118
11	-0.7	7.7	9.3	$0.002t + 0.006$	98	108	114	120	130	124
12	1.0	6.8	9.3	$0.002t + 0.010$	108	118	123	132	141	138
13	1.6	13.9	16.4	$0.004t + 0.010$	106	131	107	142	128	123
14	4.2	9.2	14.6	0.022	107	133	140	143	146	148
15	4.2	6.7	11.8	$0.002t + 0.021$	109	124	153	163	165	168

注：序号与附表13一致。

下面我们利用煤炭价格分析市场。1890~1914年，有价格记载的地点虽不多，但颇具代表性。俄国最具代表性的是彼得堡的煤炭价格，因为彼得堡是俄国的工业中心，消费的煤炭多依赖进口。顿河畔罗斯托夫的煤炭价格代表了俄国最大煤炭产地——顿涅茨克矿区的市场行情。德国下列地区的煤炭价格颇具代表性：埃森——德国最大的煤炭开采中心和冶金工业中心（位于莱茵·威斯特伐利亚煤区）、布雷斯劳——西里西亚上游贸易中心兼德国第二大煤炭开采中心。此外，德国最大港口——汉堡的煤炭价格也具有代表性。英国以伦敦的煤炭价格为代表。

1890~1914年,俄国煤炭价格明显上涨,彼得堡所售库兹涅茨克和加的夫的煤炭价格以及顿河畔罗斯托夫所售的无烟煤和烟煤的价格实际上翻了一番。纽卡斯尔、苏格兰、约克郡及布雷斯劳在彼得堡的煤炭价格也有小幅增长。不过总体而言,国外煤炭价格比俄国煤炭价格的变化幅度小,煤炭价格水平基本一致,只有埃森(烟煤)和汉堡的煤炭价格稍有下降(见图3-3)。

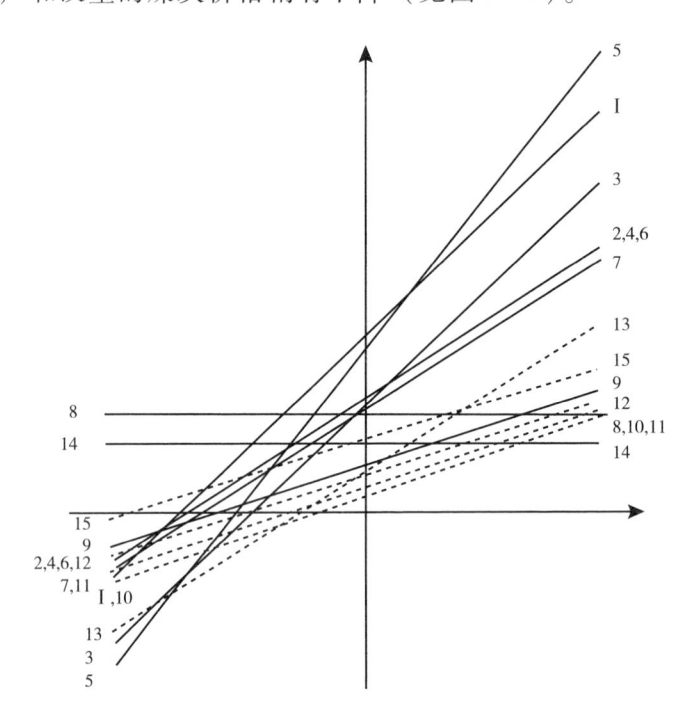

图3-3 煤炭价格增速

注:直线编号与附表13一致。

根据所研究时期初期的煤炭价格水平,可将所有贸易点划分为三组:彼得堡代表最高价格水平组,每普特超过15戈比;顿河畔罗斯托夫、但泽、汉堡和伦敦为中等价格水平组,每普特10~15

戈比；布雷斯劳和埃森为最低价格水平组，每普特低于 10 戈比。因此，两个极端组是不同类型的价格：第三组是德国的煤炭生产价格，第一组是彼得堡即进口煤炭的价格。缩小价格差异，需要降低运费（价格的重要组成部分），弱化俄国关税保护体制的作用，而这些在所研究时期内都不可能实现。确实，多数地区煤炭价格的差异扩大，也就是多数地区的价格差异在所研究时期末期比所研究时期初期扩大了（见表 3-7），只有少数国外地点以及俄国的彼得堡和顿河畔罗斯托夫间才出现了价格差异缩小的情况。

表 3-7 煤炭价格差异缩小程度指标（对角线以下）及其偶然波动的线性相关系数（对角线以上）

序号	1	2	3	4	5	6	7	8	9	10	11	12	13	14	15
1	*	92	92	92	94	62	71	69	67	71	**20**	**40**	71	**40**	16
2	P	*	98	99	80	59	76	81	82	85	**35**	50	85	49	29
3	P	P	*	98	82	59	78	76	76	80	**27**	**42**	79	**38**	18
4	P	P	P	*	82	61	77	82	84	86	**36**	**52**	86	50	28
5	P	P	P	P	*	71	69	64	61	67	**18**	**35**	59	**39**	17
6	P	H	H	C	P	*	86	47	51	**43**	**0**	**17**	**41**	45	26
7	P	P	H	P	P	P	*	50	57	51	**7**	**13**	56	**27**	**9**
8	P	P	C	P	P	P	P	*	83	91	70	73	78	76	58
9	P	P	P	P	P	P	P	P	*	89	65	76	76	59	**40**
10	P	P	P	P	P	P	P	P	H	*	62	68	88	68	50
11	P	P	P	P	P	P	P	P	P	H	*	93	**38**	64	55
12	P	P	P	P	P	P	P	P	P	P	H	*	48	63	48
13	P	P	P	P	P	P	P	P	H	H	P	C	*	61	46
14	P	P	P	P	P	P	P	P	P	P	P	P	H	*	87
15	P	P	P	P	P	P	P	P	H	H	P	P	H	P	*

注：①序号与附表 13 一致。②相关系数乘以 100。③加粗的相关系数可能存在误差，概率为 5%。④表格中的符号：C 表示根据均衡数据，初期和末期价格差异基本保持不变；H 表示价格差异缩小；P 表示价格差异扩大。

综合分析所研究时期初期的价格水平及其增长速度可知，德国煤炭价格的增幅不大，各地的价格差异总体上在缩小。煤炭价格差异未缩小或小幅缩小的原因在于煤炭种类，煤炭的使用价值决定了其价格水平和价格类型（港口煤炭价格与开采地煤炭价格的差异在于运费）。俄国煤炭价格的变化也有所不同，所研究时期初期彼得堡的煤炭价格水平高且增幅大，其中优质煤价格增幅最大。顿河畔罗斯托夫的煤炭价格与国外相比更高且增幅更大，这便拉大了它与德国煤炭价格的差距，这主要是俄国关税壁垒所致。伦敦的煤炭价格介于俄国和德国之间，英国的初始煤炭价格及其增幅都是"适中"的。

相关系数表明，俄国各地煤炭价格间的联系相当密切，国外煤炭价格间也存在联系。上西里西亚在布雷斯劳的煤炭价格与其他多数地点的煤炭价格没有联系。总之，德国煤炭产地（埃森、布雷斯劳）的煤炭价格变化与其港口特别是出口价格的变化明显不同。换言之，煤炭产地的煤炭价格不能决定煤炭的出口价格。运费和中介费等相关支出显然对价格的形成产生了重要影响。俄国与汉堡、但泽和伦敦的煤炭价格波动一致。

只有计算对应的相关系数，才能评估诸如俄国煤炭开采量、进口量、国内市场上的煤炭流通量及国产煤的自给率等因素对俄国各地煤炭价格的影响程度。我们本以为煤炭供给增加会导致煤炭价格下降，但事实并非如此，俄国市场上煤炭流通量与其价格呈正相关关系。这大概是因为煤炭明显供不应求。

俄国煤炭消费主要靠自产，以进口煤为补充。俄国各地煤炭价格与煤炭开采量之间呈正相关关系：整体而言，煤炭价格越高，开采量越大。这是否意味着价格提高刺激了开采呢？为了验证国内煤炭价格和近年来煤炭开采量是否存在联系，我们计算了相应的相关系数，结果证明这些值很小（相关系数等于1和2）。显然，正是因为供不应求，俄国煤炭价格和国内煤炭开采量间才存在正相关关系。煤炭进口量和俄国各地煤炭价格间也呈正相关关系：进口量增加，煤炭价格上涨。煤炭价格与上年度煤炭进口量间有明显的联系，即煤炭进口量对煤炭价格的影响明显且到第二年才会减弱。

如此看来，俄国煤炭开采量与煤炭进口量对煤炭价格的影响趋势一致，但具体影响有所差异。俄国国产煤自给率提高，国内价格则下降，这说明二者间呈负相关关系。与当年相比，价格与上一年国产煤自给率的关系更紧密，到第三年这种关系才逐渐消失。换言之，国产煤自给率的提高使国内煤炭价格水平下降，其影响力可以持续两年。

国内煤炭开采业的发展及国内市场对进口煤的排斥这两个因素对价格的影响有利于消费者，但若煤炭供不应求，就会导致市场动荡。俄国需要进口煤炭，若供求关系失衡，则其市场承受力较低。从表3-6列出的计算结果可以看出欧洲煤荒（1899~1900年）和俄国燃料荒（1911~1914年）期间各地价格增长幅度。俄国煤炭价格总体上比国外煤炭价格的增幅更大①，可见俄国国内市场不仅不稳定，而且由于高关税壁垒还具有一定的"封闭性"。

俄国进口煤炭和自产煤炭是如何影响价格的呢？为回答上述问题，我们需要建立多元回归方程式，以计算纽卡斯尔煤炭和加的夫煤炭在彼得堡的价格以及无烟煤在顿河畔罗斯托夫的价格。

---

① 实际上，价格上涨可以表现得更为明显。政府许可的免税进口煤炭或许是抑制价格上涨的因素。根据1900年外贸统计资料数据，应铁路运输需求，所有进口煤炭的12.6%实行免税政策，要知道有约1/3的进口煤炭是从关税颇高的黑海边境入俄的。1913年，所有进口煤炭的9%实行免税，1914年为进口煤炭的9.5%实行免税。

纽卡斯尔煤炭在彼得堡的价格计算公式为：

$$\hat{Y} = -2.4532 + 1.2399X_1 - 0.1209X_2 + 0.0204X_3$$

在此，$\hat{Y}$ 为纽卡斯尔煤炭在彼得堡的价格（戈比/普特），X_1 为伦敦的煤炭价格（戈比/普特），X_2 为俄国的煤炭出口量（千普特），X_3 为俄国的煤炭进口量（千普特）。

该公式的可信度为99%，方程中的因数（即伦敦的煤炭价格与俄国煤炭的进出口量）在90%的程度上反映了纽卡斯尔煤炭在彼得堡的价格水平。其中，最关键的因数是伦敦的煤炭价格。伦敦的煤炭价格每普特提高或下降1戈比（即原售价的7.3%），彼得堡的煤炭价格便会随之上涨或下跌1.2戈比（即原售价的6.4%）。因为彼得堡的煤炭主要来自英国，所以这是合理的。

公式中的其他两个因数对纽卡斯尔煤炭在彼得堡价格的影响并不直接。严格来讲，煤炭进出口量并不会影响价格水平，它们只是反映供求关系的"晴雨表"：需求增加，进口增加；相对而言，需求增加，价格上涨。出口的"减法"效应也显而易见：需求减少，出口增加；需求减少，价格下跌。

加的夫煤炭在彼得堡的价格计算公式同上类似：

$$\hat{Y} = -3.5485 + 1.4440X_1 + 0.0342X_2 - 0.2592X_3 + 0.0240X_4$$

在此，$\hat{Y}$ 为加的夫煤炭在彼得堡的价格（戈比/普特），X_1 为伦敦的煤炭价格（戈比/普特），X_2 为俄国的煤炭进口量（千普特），X_3 为俄国的煤炭出口量（千普特）。

该公式的可信度为99%，方程中的因数在79%的程度上反映了加的夫煤炭在彼得堡的价格变化。伦敦的煤炭价格每普特上涨

（或下跌）1戈比（相当于原价的7.3%），加的夫煤炭在彼得堡的价格也随之上涨（或下跌）1.44戈比（相当于原价的6.2%）。

顿河畔罗斯托夫的无烟煤价格计算公式如下：

$$\hat{Y} = 3.4081 + 0.7071X_1 + 0.6616X_2 + 0.0366X_3 + 0.0056X_4$$

在此，$\hat{Y}$为顿河畔罗斯托夫的无烟煤价格（戈比/普特），X_1为俄国的煤炭出口量（千普特），X_2为伦敦的煤炭价格（戈比/普特），X_3为资本集中程度（煤炭销售辛迪加在俄国煤炭开采总量中所占比重），X_4为俄国的煤炭开采量（千普特）。

该公式的可信度为99%，方程中的因数在86%的程度上反映了顿河畔罗斯托夫无烟煤价格的变化。

伦敦的煤炭价格在此并不像其在上述方程中那样是决定性因素。伦敦的煤炭价格每普特波动1戈比（即原售价的7.3%），顿河畔罗斯托夫的无烟煤价格便会随之波动0.66戈比（即原售价的3.9%）。影响顿河畔罗斯托夫无烟煤价格波动的关键因素是煤炭出口量，顿河畔罗斯托夫的无烟煤价格还随顿涅茨克矿区的资本集聚而上涨。

研究俄国煤炭进口可得出如下结论。俄国需要外国煤炭的原因有二：一是本国煤炭开采业发展不足；二是俄国的煤炭消费地和煤炭开采区之间的距离甚远，使用本国煤炭并不合算。俄国主要从英国和德国进口煤炭，关税甚高的俄国并非英国和德国的主要市场。俄国的国内煤炭价格和出口煤炭价格存在联系，这说明俄国卷入了欧洲煤炭市场。俄国煤炭价格水平及其变化，证明了俄国煤炭市场并不稳定且相对封闭，这是由于俄国的煤炭供应依靠本国生产和进口，而国内市场行情是在垄断组织及国家的人为限制政策下形成的。

进口煤和国产煤的价格形成因素有别。彼得堡是俄国最大的工业中心之一，该地煤炭价格受伦敦煤炭价格的主导，但伦敦煤炭价格对俄国主要煤区煤炭价格的影响甚微。顿巴斯煤炭价格的上涨受到俄国主要煤炭产区资本集聚过程的制约。

第三节 俄国某些食品的出口

本书的研究不可能涵盖所有商品。我们仅需借助上述方法分析俄国某些商品的出口，便能补充说明第二章和第三章中的结论。因此，我们主要分析俄国面粉和糖的出口。

在世界市场尤其是欧洲市场上，面粉贸易远不及谷物（皮粮）贸易兴盛。通常，粮食进口国工业发达，本身就有面粉加工业，因此倾向于进口皮粮，自己加工面粉。1903~1907年，欧洲最大的小麦消费国——英国的年均小麦（包括小麦和面粉）进口量中面粉的进口量占7.4%，德国占1.1%[1]。欧洲市场上黑麦粉贸易则更少。俄国向国际市场输出的面粉份额微不足道，美国出口的面粉是俄国的10~20倍[2]。

比较俄国和西欧的面粉价格，可得出如下结论：在所研究时期内，不同地点的价格变化一致，价格水平差异缩小。

可见，价格取决于统一的市场规律。分析面粉价格时，需考虑到西欧面粉贸易不普及以及各地间很少有直接贸易关系，我们在此

---

[1] Лященко П. И. Мукомольная промышленность России и иностранные потребительные рынки. СПб. : тип. Ред. пер. изд. М-ва фин., 1910. С. 5.

[2] 数据根据档案资料统计：ЦГИА СССР. Ф. 23. Оп. 10. Д. 998. Л. 52.

基础上推断出：面粉价格的调节是通过调节谷物（皮粮）价格实现的。由此证实，欧洲存在统一的粮食市场，俄国亦卷入其中。

与面粉不同，糖贸易在世界市场上占有重要地位。据 С. Б. 阿先科夫的数据①，1910 年，进口糖的国家主要有美国、英国、中国、加拿大、法国、日本、瑞士、土耳其和伊朗，其进口的糖分别占世界糖进口量的 31.1%、26.6%、4.3%、4.0%、2.3%、2.0%、1.7%、2.3% 和 1.5%。同年，古巴、荷属东印度、德国、奥匈帝国和俄国输出的糖分别占世界糖出口量的 26.6%、19.9%、10.6%、10.2% 和 2.3%②。可见，俄国在该市场上的地位微不足道。

对俄国作为产糖国的出口潜力进行分析可知：由于俄国制糖成本高于欧洲市场糖价，故俄国出口糖必然蚀本。即便如此，在所研究时期内俄国糖出口量仍小幅增长（糖出口量占总出口量中的比重由 1.6% 上升到 4.4%）。

由于俄国制糖成本高且国内消费税居高不下，故俄国各地糖价明显高于国外（基辅糖出口价格低，被归入国外价格）。分析表明，在所研究时期内价格差异缩小且各地价格下跌，俄国糖价下跌幅度更小且更稳定。相关分析表明，存在两个糖市场，即欧洲市场和俄国国内市场③。俄国的出口糖价完全从属于欧洲的价格变化，与俄国国内价格关系甚小。

俄国国内市场和国际市场脱节，这就需要研究俄国糖出口的存

---

① *Асенков С. Б.* Сахар и его экспорт из России. СПб.：Ред. журн. "Рус. экспорт"，1914. С. 10.
② *Асенков С. Б.* Сахар и его экспорт из России. СПб.：Ред. журн. "Рус. экспорт"，1914. С. 10.
③ 世界食糖市场结构更加复杂，除砂糖市场和方糖市场外还有蔗糖市场。纽约的糖价变动具有独立性，实际上与欧洲和俄国市场无关。

在条件及其影响因素。我们需要建立多元回归方程，以此确定影响俄国出口糖价的因素。方程表明，伦敦糖价的变化致使基辅出口糖价也发生类似变化。俄国出口糖价的波动取决于诸多内部因素，如砂糖出口额、国内糖流通量以及甜菜种植面积。上述因素对出口价格的影响与俄国糖市场的调控能力有关。

1887年，为调控糖市场，俄国成立了糖业主辛迪加。调控方法是：允许自由生产，但国内糖产量有定额，这便推动了亏损性的糖出口，当然这样可以稳定国内市场。辛迪加虽然很快解体，但为制糖业实行国家定额做了准备。1895年11月，国家对制糖业及其贸易进行调控，对前述辛迪加方法略加改动（对糖的外销和内需的界定更加灵活）。与以前不同的是，1903年，国家定额做了大幅调整（规定了糖产量，其中包括国内糖消费量、糖出口量以及糖储备量），其实质是直接限制糖的生产。

辛迪加和政府调节糖生产及其贸易的政策与其在煤炭工业和石油工业的经济政策类似，但前者更彻底：俄国糖长期赔本出口，致使国内市场与国外市场分离。因此，俄国国内市场价格更为稳定，受世界产糖"过剩"的影响更小。与此同时，在欧洲市场行情下形成的出口糖价也受到国家生产配额的影响。糖生产扩大（甜菜种植面积扩大、国内市场上糖投放量及糖出口量增加）使糖的出口价格降低，提高了俄国糖的出口竞争力。

俄国利用出口消化国内过剩糖产量[①]的方法在国际市场上遭到抵制。1902年，布鲁塞尔国际会议决定对提供出口补贴的国家输

---

① 从人均耗糖量看，俄国与保加利亚、希腊、罗马尼亚处于同等水平，而这些国家本土并无制糖业，主要消费进口食糖。

出的糖征收附加税，而俄国就在其列。欧洲市场曾一度①对俄国封闭，俄国只能将糖输往东方市场（伊朗、波斯）以及芬兰。俄国与西欧国家的直接贸易关系破裂，这无疑加剧了俄国国内市场与欧洲市场的隔绝状态。

上述内容是砂糖贸易的研究结果。方糖市场独具特点，应单独研究。在世界市场尤其是欧洲市场上，方糖贸易量小，因为很多消费进口方糖的欧洲国家都能通过进口原料完全或部分地发展本国方糖加工业。19世纪末20世纪初，俄国方糖出口量相比砂糖出口量增长更快（1909~1914年方糖出口量比1890~1895年增长3.5倍，砂糖出口量仅增长2.3倍）且更稳定（砂糖出口不固定，偶有下跌）。俄国方糖出口主要面向东方市场。

分析方糖的价格关系可知，俄国存在国内市场。俄国国内糖价和国外糖价间没有联系②，各国糖价间也没有联系（线性相关系数极小）。可见，各国方糖市场相互隔绝，这是欧洲消费国盈利型③方糖产业成熟及其国际贸易未经整合的结果。

* * *

我们以煤油、煤炭和糖的贸易为例研究了俄国工业品的对外贸易。

石油产品是俄国主要的出口工业品。俄国煤油在欧洲的主要消费国是英国和德国，主要竞争对手是美国。俄国在欧洲糖市场上所

---

① 布鲁塞尔协议的附加条款生效后，俄国于1908年重返欧洲市场。
② 主要分析英国、法国、德国和美国的糖价。
③ 譬如，俄国糖业资本家获得的利润是全俄工业平均利润的2倍多，而优质糖制造业资本家所获利润更丰厚。参见：Гефтер М. Я Из истории монополистического капитализма в России（сахарный синдикат）// Исторические записки. М.：Наука, 1951. С. 151.

起的作用微不足道。在西欧，俄国糖主要销往意大利（19世纪末）和英国。

俄国虽拥有自己的煤炭产业，但需要进口英国、德国等国家的煤炭。

俄国工业品外贸与垄断组织的活动息息相关。垄断组织利用诸如减产、重新分配国内外市场的俄国产品比重（国外市场优先）、直接加强出口等手段竭尽全力限制国内市场，其目的有二：一是维持国内市场的高价格水平，进而从自产品上获取高额利润；二是保证俄国商品在国外市场上的竞争力。

俄国政府在保护本国工业的口号下或积极实施糖业生产配额政策，或全面支持采用间接税制。

结　语

综上所述，19 世纪末 20 世纪初俄国参与了国际劳动分工，参与了欧洲商品贸易。不同商品参与欧洲商品贸易的程度不同。

俄国糖贸易比较特殊。俄国国内糖市场与欧洲糖市场隔绝，按自身规律发展。俄国制糖成本高，出口蚀本，但垄断组织和政府大量出口以消化国内"剩余"的糖。俄国糖出口是国家和垄断组织专门利用出口调节国内市场的鲜明例证，目的是在国内市场确立垄断高价，以倾销价格出口商品争夺国外市场。俄国糖出口无论是在俄国出口市场上还是在世界市场上的比重都不大。俄国在国际粮食和石油市场上占据重要地位。

19 世纪末 20 世纪初，俄国是农业国，粮食产量在世界上名列前茅。19 世纪末，俄国以粮食出口为主，这种情况持续到 20 世纪初；但从 20 世纪初起，则以饲料出口为主。在粮食尤其是黑麦出口份额下降的情况下，大麦出口份额猛增。俄国粮食出口结构的变化是外部原因（欧洲农业危机、国际市场行情、俄国对德国外贸政策的依赖）和内部原因（国内消费增长、国家商品性农业发展和粮食产量波动）综合作用的结果。

19 世纪末 20 世纪初，俄国无疑被纳入了欧洲粮食市场：俄国是欧洲粮食市场上最主要的粮食供应国，其粮食出口在一定程度上影响了俄国本国与国外粮食的市场价格。俄国粮食明显影响到欧洲粮食市场行情：俄国每种粮食产量及其上年储量增加，引起国外地点和俄国出口中心的相应粮价下跌；反之，产量下降，则粮价上扬。俄国的出口粮价既受制于国内因素，也受制于国际因素，其中包括德国的贸易政策。

俄国各种粮食的外贸特点不一。俄国消费最多的粮食是黑麦，这种情况影响到黑麦的出口。比起其他粮食，俄国黑麦出口价格更多地取决于国内价格，黑麦的国内需求量通过价格影响其出口规模：高价抑制黑麦出口，低价刺激黑麦出口。

俄国大麦主要输往德国，这使俄国大麦出口在一定程度上取决于德国的农业状况和贸易政策。俄国大麦出口价格与德国大麦价格联系密切。德国大麦需求增长引起了俄国大麦价格上涨，从而推动了俄国商品性农业的发展。德国关税政策促进了俄国大麦生产的发展。

俄国大麦在欧洲饲料粮市场上居主导地位，而在燕麦，特别是玉米市场上，俄国的地位微不足道。玉米价格反映了俄国在欧洲玉米市场上的二流地位：在玉米消费国中，美国玉米价格高于俄国，并且在所研究时期内二者价格差异扩大。

19世纪末20世纪初，俄国是世界上主要的石油开采国，以出口煤油为主。俄国在此领域的出口竞争最为残酷，这是因为无论是在主要石油生产国，还是在世界范围内，石油工业及其贸易已经高度垄断化。

俄国垄断组织为维持国内高价和保障俄国煤油在国外市场上的竞争力，实行限制国内市场的政策。政府采用间接税制，支持垄断组织的政策。

结　语

俄国煤油生产与国家使用的动力息息相关。国家在动力方面使用石油残渣（即重油），对其进行有效利用是进步之举，但在垄断组织操纵下此举不利于发展煤炭工业，最终也不利于石油工业的发展。

一方面，俄国动力倾向于使用液体燃料抑制了煤炭需求；另一方面，俄国动力结构刺激了煤油出口。因垄断组织政策以及政府鼓励措施的推出，不同燃料供求之间、燃料生产领域之间、进出口之间形成了人为的平衡。1905~1907年，这种平衡被打破后因其人为性而无力恢复。最终，俄国煤油被挤出国外石油市场。由于俄国在大部分国外市场上败北，其能源经济损失惨重，被迫生产固体燃料。

国内煤炭供不应求决定了俄国煤炭外贸的状况及其变化。国产煤低迷，煤炭价格急剧上扬，这证明了俄国受制于世界煤炭市场，同样证明了俄国进口煤增加，导致煤炭价格上涨。但比起国产煤，就满足俄国需求而言，进口煤的绝对作用与相对作用较小。国产煤自给程度提高总体上会使国内煤炭价格水平下降，但限制国内煤炭开采的政策与此趋势相抵触。

本书在分析俄国外贸时主要着眼于出口商品，在充分研究国外市场方面也不存在根本困难：选取的商品范围适当，筛选和分析资料的方法得当，由此清晰地归纳出俄国外贸的全貌、规律及特点。

附 录

附表1 俄国对外贸易的主要指标

单位：百万卢布

年份	出口额	进口额	出口顺差	对外贸易总额
1890	692.2	406.7	285.5	1098.9
1891	707.4	371.6	335.8	1079.0
1892	475.6	399.5	76.1	875.1
1893	599.2	449.8	149.4	1049.0
1894	668.8	553.6	115.2	1224.4
1895	689.1	526.1	163.0	1215.2
1896	688.6	585.5	103.1	1274.1
1897	726.6	560.0	166.6	1286.6
1898	732.7	617.4	115.3	1350.1
1899	627.0	650.5	-23.5	1277.5
1900	716.4	626.4	90.0	1342.8
1901	761.6	593.4	168.2	1355.0
1902	860.3	599.2	261.1	1459.5
1903	1001.2	681.7	319.5	1682.9
1904	1006.4	651.4	355.0	1657.8
1905	1077.3	635.1	442.2	1712.4
1906	1094.9	800.7	294.2	1895.5
1907	1053.0	847.4	205.6	1900.4
1908	998.2	912.6	85.6	1910.8
1909	1427.7	906.3	521.4	2334.0
1910	1449.1	1084.4	346.7	2533.5

续表

年份	出口额	进口额	出口顺差	对外贸易总额
1911	1591.4	1161.7	429.7	2753.1
1912	1518.8	1171.8	347.0	2690.8
1913	1520.1	1374.0	146.1	2894.1
1914	956.1	1098.0	-141.9	2054.1

资料来源：Обзор внешней торговли России по европейской и азиатской границам. СПб.：Ежегодник Министерства финансов, 1891 – 1916。

附表 2　俄国主要陆路边境口岸进出口值占其总进出口值的比重

单位：%

年份	输出额			输入额		
	欧洲边界*	与芬兰的贸易	亚洲边界**	欧洲边界*	与芬兰的贸易	亚洲边界**
1890	95.0	2.4	2.6	86.9	3.2	9.9
1891	94.7	2.3	3.0	86.0	3.4	10.6
1892	91.8	4.4	3.8	85.8	2.9	11.3
1893	93.7	3.1	3.2	85.2	3.4	11.4
1894	94.7	2.3	3.0	88.6	3.4	8.0
1895	94.6	2.2	3.2	87.0	3.9	9.1
1896	94.4	2.6	3.0	87.9	3.5	8.6
1897	92.7	4.2	3.1	87.4	3.4	9.2
1898	92.2	4.5	3.3	87.7	3.3	9.0
1899	90.4	5.6	4.0	88.3	3.1	8.6
1900	90.4	5.7	3.9	87.9	3.5	8.6
1901	90.8	5.1	4.1	85.8	4.0	10.2
1902	91.5	4.4	4.1	84.3	4.0	11.7
1903	90.2	4.7	5.1	84.9	3.5	11.6
1904	90.4	4.6	5.0	85.4	3.9	10.7
1905	90.9	3.6	5.5	83.6	4.4	12.0
1906	87.2	4.3	8.5	73.6	4.4	22.0
1907	89.5	4.7	5.8	79.1	3.7	17.2
1908	89.2	4.9	5.9	80.0	3.4	16.6
1909	92.1	3.6	4.3	82.9	3.8	13.3
1910	92.5	3.0	4.5	84.3	3.6	12.1
1911	91.8	3.4	4.8	84.4	3.6	12.0
1912	90.8	3.3	5.9	84.6	3.9	11.5

19世纪末20世纪初欧洲市场体系中的俄国

续表

年份	输出额			输入额		
	欧洲边界*	与芬兰的贸易	亚洲边界**	欧洲边界*	与芬兰的贸易	亚洲边界**
1913	89.9	3.6	6.5	84.8	4.1	11.1
1914	84.8	5.8	9.4	79.8	5.7	14.5

注：*包括高加索边疆区的黑海沿岸；**不包括高加索边疆区的黑海沿岸。

资料来源：Обзор внешней торговли России по европейской и азиатской границам. СПб.: Ежегодник Министерства финансов, 1891－1916。

附表3　俄国向主要国家的出口比例

单位：%

年份	国家								合计
	德国	英国	荷兰	法国	奥匈帝国	意大利	比利时	丹麦	
1890	25.6	29.4	6.3	7.1	4.4	4.4	4.0	1.2	82.4
1891	27.3	25.4	6.2	6.9	4.8	4.6	3.3	1.4	79.9
1892	29.0	24.9	4.1	7.4	5.1	4.1	3.1	1.0	78.7
1893	22.1	25.9	4.1	12.0	5.8	5.1	4.2	1.6	80.8
1894	22.1	26.2	7.9	8.4	6.0	4.0	4.0	1.8	80.4
1895	26.0	25.4	8.6	7.2	5.0	4.7	3.8	1.5	82.2
1896	26.7	23.4	10.3	8.4	4.3	5.3	3.4	1.3	83.1
1897	24.1	20.6	12.0	8.8	5.4	4.3	4.5	1.3	81.0
1898	24.5	19.1	9.9	9.4	5.8	7.4	3.9	1.4	81.4
1899	26.1	20.6	7.8	9.6	4.2	4.4	3.7	2.0	78.4
1900	26.2	20.3	9.7	8.0	3.7	5.1	3.3	2.6	78.9
1901	23.5	20.6	11.1	8.0	4.0	5.0	2.8	3.4	78.4
1902	23.6	22.0	12.0	6.4	4.1	5.7	3.3	3.2	80.3
1903	23.3	21.8	10.1	7.6	3.7	5.7	4.3	2.7	79.2
1904	23.3	22.9	9.9	6.1	4.0	5.3	4.4	3.0	78.9
1905	23.7	23.1	11.8	6.0	4.2	5.8	4.1	2.2	80.9
1906	26.0	20.6	9.9	7.0	4.1	4.7	3.8	2.8	78.9
1907	27.6	21.7	10.9	7.0	4.0	3.3	3.5	2.8	80.8
1908	27.9	22.1	9.4	6.5	4.9	3.0	3.4	3.2	80.4
1909	27.1	20.2	13.2	6.2	4.3	4.7	4.5	2.6	82.8
1910	27.0	21.8	13.5	6.4	3.4	5.2	4.6	1.8	83.7
1911	30.8	21.2	11.9	5.7	4.3	3.3	3.5	2.2	82.9

续表

年份	国家								合计
	德国	英国	荷兰	法国	奥匈帝国	意大利	比利时	丹麦	
1912	29.9	21.6	10.1	6.5	4.8	3.4	3.9	2.5	82.7
1913	29.8	17.6	11.7	6.6	4.3	4.8	4.2	2.4	81.4
1914	26.1	19.8	9.9	5.8	4.1	4.2	5.1	1.9	76.9

资料来源：Обзор внешней торговли России по европейской и азиатской границам. СПб.：Ежегодник Министерства финансов, 1891 – 1916。

附表 4　俄国从主要国家的进口比例

单位：%

年份	国家				合计
	德国	英国	法国	奥匈帝国	
1890	27.5	22.4	4.1	4.3	58.3
1891	27.2	21.9	4.4	4.2	57.7
1892	25.2	25.0	4.6	3.8	58.6
1893	21.8	25.6	6.1	4.9	58.3
1894	25.8	24.0	5.1	4.9	59.8
1895	32.6	22.2	4.2	4.5	63.5
1896	32.2	18.9	4.0	3.9	59.0
1897	32.1	18.6	4.4	3.4	58.5
1898	32.7	18.7	4.4	3.9	59.7
1899	35.5	19.9	4.4	4.7	64.5
1900	34.6	20.3	5.0	4.3	64.2
1901	36.6	17.4	4.7	4.2	62.9
1902	34.8	16.6	4.5	4.0	59.9
1903	36.4	16.7	4.1	4.0	61.2
1904	36.0	15.9	4.1	3.3	59.3
1905	37.8	15.3	4.1	3.1	60.3
1906	37.3	13.2	3.6	2.7	56.8
1907	40.5	13.6	3.5	2.8	60.4
1908	38.2	13.2	4.0	2.9	58.3
1909	40.1	14.1	5.5	3.0	62.7
1910	41.5	14.2	5.6	3.2	64.5
1911	42.0	13.4	4.9	3.0	63.3
1912	45.4	12.2	4.8	2.8	65.2
1913	47.5	12.6	4.1	2.6	66.8
1914	39.1	15.6	4.0	2.2	60.9

资料来源：Обзор внешней торговли России по европейской и азиатской границам. СПб.：Ежегодник Министерства финансов, 1891 – 1916。

附表5 小麦价格

单位：戈比/普特

产地:小麦的品种	序号	1890年	1891年	1892年	1893年	1894年
里加:俄国小麦	1	102.9	118.2	112.5	94.0	74.8
尼古拉耶夫:春播红小麦	2	96.9	106.3	91.8	75.1	57.3
新俄罗斯:越冬小麦、优质小麦	3	98.5	109.3	91.7	74.2	55.8
新俄罗斯:劣质硬粒春小麦	4	81.3	94.9	92.1	79.8	57.1
塔甘罗格:越冬小麦,含3%的杂质	5	95.5	109.2	91.8	77.2	58.9
塔甘罗格:劣质硬粒春小麦	6	81.7	100.4	92.0	76.0	48.8
顿河畔罗斯托夫:越冬小麦	7	84.9	98.9	84.5	75.4	53.9
顿河畔罗斯托夫:硬粒春小麦	8	77.6	96.3	89.9	75.1	53.8
萨马拉:俄国小麦	9	79.9	112.9	109.0	77.0	57.7
萨马拉:串种小麦	10	89.4	120.3	116.8	89.7	65.2
萨拉托夫:俄国小麦	11	80.0	105.4	100.3	81.1	59.1
叶列茨:春播红小麦	12	81.3	108.1	106.7	86.7	64.3
叶列茨:本地越冬小麦	13	84.2	113.3	107.9	86.6	68.2
敖德萨:春播红小麦	14	89.0	107.0	90.0	77.0	58.0
华沙:白小麦	15	103.0	126.2	106.4	91.8	71.0
柯尼斯堡:优质杂交小麦	16	140.8	167.9	139.1	108.4	96.2
曼海姆:中等质量小麦,国外进口	17	165.5	183.1	155.0	135.3	114.2
布雷斯劳:中等质量小麦	18	140.3	164.6	137.1	107.6	98.0
维也纳	19	117.5	140.5	125.8	106.9	94.8
布达佩斯:中等质量小麦	20	109.8	132.9	118.2	99.3	87.2
阿姆斯特丹:敖德萨小麦	21	113.5	128.5	118.6	87.9	69.0
伦敦:南俄越冬小麦	22	122.3	135.3	121.5	96.6	76.8
马赛:越冬小麦	23	122.7	137.5	123.9	94.1	77.3
纽约:越冬小麦,红色2号品种	24	117.8	128.3	105.5	85.5	79.4
热那亚:敖德萨春播红小麦	25	116.1	137.3	121.8	98.1	80.8
产地:小麦的品种	序号	1895年	1896年	1897年	1898年	1899年
里加:俄国小麦	1	73.2	79.8	98.0	107.8	92.9
尼古拉耶夫:春播红小麦	2	67.0	76.8	94.3	101.8	89.8
新俄罗斯:越冬小麦、优质小麦	3	65.1	75.5	96.6	109.9	94.3
新俄罗斯:劣质硬粒春小麦	4	58.2	72.8	90.3	110.3	95.5
塔甘罗格:越冬小麦,含3%的杂质	5	65.3	73.1	95.1	110.8	92.5
塔甘罗格:劣质硬粒春小麦	6	52.4	64.3	83.4	100.9	89.8
顿河畔罗斯托夫:越冬小麦	7	59.9	69.2	90.5	103.3	89.7

续表

产地:小麦的品种	序号	1895年	1896年	1897年	1898年	1899年
顿河畔罗斯托夫:硬粒春小麦	8	53.0	64.8	82.9	101.3	90.4
萨马拉:俄国小麦	9	50.1	51.5	74.9	97.1	86.7
萨马拉:串种小麦	10	51.4	52.8	74.5	100.9	102.4
萨拉托夫:俄国小麦	11	51.3	50.5	70.3	92.0	82.2
叶列茨:春播红小麦	12	60.2	65.0	89.8	105.7	92.2
叶列茨:本地越冬小麦	13	62.0	64.4	84.5	107.2	97.6
敖德萨:春播红小麦	14	66.0	79.0	96.0	104.0	93.0
华沙:白小麦	15	73.9	79.9	95.5	112.1	90.6
柯尼斯堡:优质杂交小麦	16	105.9	112.0	127.0	138.3	114.7
曼海姆:中等质量小麦,国外进口	17	117.5	127.6	146.7	158.7	135.9
布雷斯劳:中等质量小麦	18	106.1	114.8	123.2	127.4	109.1
维也纳	19	94.8	100.8	142.9	169.6	129.1
布达佩斯:中等质量小麦	20	87.2	94.0	133.3	151.0	117.3
阿姆斯特丹:敖德萨小麦	21	74.3	84.9	104.2	110.3	95.8
伦敦:南俄越冬小麦	22	80.3	93.9	103.6	122.7	103.6
马赛:越冬小麦	23	80.5	94.3	114.0	125.3	105.1
纽约:越冬小麦,红色2号品种	24	79.6	92.8	108.1	110.8	92.8
热那亚:敖德萨春播红小麦	25	80.9	97.8	107.0	121.8	99.3

产地:小麦的品种	序号	1900年	1901年	1902年	1903年	1904年
里加:俄国小麦	1	89.3	93.8	91.3	94.9	99.1
尼古拉耶夫:春播红小麦	2	86.5	86.9	86.8	87.4	94.4
新俄罗斯:越冬小麦、优质小麦	3	86.7	85.2	83.8	86.1	92.4
新俄罗斯:劣质硬粒春小麦	4	89.6	85.7	81.2	82.1	85.9
塔甘罗格:越冬小麦,含3%的杂质	5	87.6	89.0	86.0	85.9	93.7
塔甘罗格:劣质硬粒春小麦	6	83.9	81.5	78.3	77.4	84.4
顿河畔罗斯托夫:越冬小麦	7	83.1	83.1	79.3	84.8	91.6
顿河畔罗斯托夫:硬粒春小麦	8	83.9	80.8	77.0	81.5	85.9
萨马拉:俄国小麦	9	69.4	80.9	82.8	78.7	73.9
萨马拉:串种小麦	10	93.3	96.1	89.7	86.8	86.1
萨拉托夫:俄国小麦	11	66.3	77.0	76.9	73.6	70.0
叶列茨:春播红小麦	12	81.5	87.0	85.8	79.8	83.2
叶列茨:本地越冬小麦	13	81.8	89.4	88.4	81.7	85.5
敖德萨:春播红小麦	14	90.0	88.0	87.0	88.0	94.0
华沙:白小麦	15	88.5	97.6	98.5	92.8	102.6

19世纪末20世纪初欧洲市场体系中的俄国

续表

产地:小麦的品种	序号	1900年	1901年	1902年	1903年	1904年
柯尼斯堡:优质杂交小麦	16	108.8	117.3	120.7	115.1	126.8
曼海姆:中等质量小麦,国外进口	17	134.6	134.1	131.8	133.3	133.6
布雷斯劳:中等质量小麦	18	104.0	118.2	120.7	112.5	128.0
维也纳	19	112.0	113.2	119.9	113.1	133.0
布达佩斯:中等质量小麦	20	96.5	100.9	108.2	100.6	119.6
阿姆斯特丹:敖德萨小麦	21	96.1	88.3	85.5	96.4	106.8
伦敦:南俄越冬小麦	22	104.0	102.7	105.2	106.3	109.9
马赛:越冬小麦	23	102.5	102.7	102.0	102.1	110.9
纽约:越冬小麦,红色2号品种	24	94.0	94.8	95.6	99.5	129.9
热那亚:敖德萨春播红小麦	25	97.0	97.0	95.0	95.0	104.0

产地:小麦的品种	序号	1905年	1906年	1907年	1908年	1909年
里加:俄国小麦	1	99.8	97.0	116.3	127.9	128.1
尼古拉耶夫:春播红小麦	2	96.1	90.9	110.5	125.6	128.9
新俄罗斯:越冬小麦、优质小麦	3	92.0	85.5	105.6	121.3	119.0
新俄罗斯:劣质硬粒春小麦	4	98.5	101.8	115.4	123.1	115.6
塔甘罗格:越冬小麦,含3%的杂质	5	99.1	95.1	116.6	129.0	121.9
塔甘罗格:劣质硬粒春小麦	6	100.2	108.6	121.3	128.8	118.7
顿河畔罗斯托夫:越冬小麦	7	89.1	94.9	117.4	136.4	126.1
顿河畔罗斯托夫:硬粒春小麦	8	98.9	104.1	117.3	128.1	116.3
萨马拉:俄国小麦	9	78.9	93.0	113.9	125.2	102.4
萨马拉:串种小麦	10	91.6	115.6	136.4	143.9	117.8
萨拉托夫:俄国小麦	11	80.0	93.5	112.7	121.7	101.9
叶列茨:春播红小麦	12	89.8	95.5	119.5	131.3	118.5
叶列茨:本地越冬小麦	13	93.2	100.1	125.0	141.5	124.2
敖德萨:春播红小麦	14	101.1	98.0	112.0	132.0	125.0
华沙:白小麦	15	101.8	99.3	130.1	137.3	134.1
柯尼斯堡:优质杂交小麦	16	124.7	130.8	150.3	151.9	168.4
曼海姆:中等质量小麦,国外进口	17	142.7	148.7	169.4	179.5	191.1
布雷斯劳:中等质量小麦	18	123.1	127.3	150.3	152.3	168.8
维也纳	19	127.7	115.0	143.7	168.0	200.0
布达佩斯:中等质量小麦	20	115.1	100.9	129.4	154.8	186.2
阿姆斯特丹:敖德萨小麦	21	11.1	108.4	120.2	120.3	139.1
伦敦:南俄越冬小麦	22	114.1	105.7	125.3	141.0	146.0
马赛:越冬小麦	23	110.6	106.1	127.7	141.7	142.7

续表

产地:小麦的品种	序号	1905 年	1906 年	1907 年	1908 年	1909 年
纽约:越冬小麦,红色 2 号品种	24	119.2	100.5	113.8	122.4	145.1
热那亚:敖德萨春播红小麦	25	106.0	100.0	123.3	135.0	138.1

产地:小麦的品种	序号	1910 年	1911 年	1912 年	1913 年	1914 年
里加:俄国小麦	1	113.4	112.9	123.8	115.9	108.2
尼古拉耶夫:春播红小麦	2	109.2	106.6	117.7	109.0	106.5
新俄罗斯:越冬小麦、优质小麦	3	104.0	102.6	110.9	107.7	103.6
新俄罗斯:劣质硬粒春小麦	4	105.4	103.1	118.6	115.6	108.1
塔甘罗格:越冬小麦,含3%的杂质	5	108.1	110.6	121.5	113.2	104.3
塔甘罗格:劣质硬粒春小麦	6	105.8	113.0	125.6	115.9	107.6
顿河畔罗斯托夫:越冬小麦	7	109.1	117.6	127.0	115.2	109.4
顿河畔罗斯托夫:硬粒春小麦	8	105.8	120.2	130.5	117.7	105.9
萨马拉:俄国小麦	9	87.2	100.4	116.7	91.9	87.8
萨马拉:串种小麦	10	107.1	127.3	141.2	120.7	109.8
萨拉托夫:俄国小麦	11	87.6	105.1	117.2	95.4	91.8
叶列茨:春播红小麦	12	104.2	111.2	121.3	108.4	106.4
叶列茨:本地越冬小麦	13	110.4	116.4	124.5	113.2	115.2
敖德萨:春播红小麦	14	103.0	108.0	120.0	112.0	111.0
华沙:白小麦	15	114.2	114.5	126.9	123.0	122.6
柯尼斯堡:优质杂交小麦	16	153.6	147.6	159.0	140.5	141.6
曼海姆:中等质量小麦,国外进口	17	173.3	169.1	179.4	175.6	171.2
布雷斯劳:中等质量小麦	18	145.4	139.9	147.2	139.9	141.8
维也纳	19	167.7	167.2	163.2	158.6	175.6
布达佩斯:中等质量小麦	20	152.4	153.5	149.1	142.4	164.7
阿姆斯特丹:敖德萨小麦	21	121.1	125.3	132.1	118.4	124.9
伦敦:南俄越冬小麦	22	127.4	121.6	139.3	123.8	120.5
马赛:越冬小麦	23	126.8	126.0	140.9	129.3	125.1
纽约:越冬小麦,红色 2 号品种	24	128.1	113.8	128.7	111.7	117.7
热那亚:敖德萨春播红小麦	25	121.4	120.0	138.1	123.4	124.5

资料来源：Свод товарных цен на главных русских и иностранных рынках. СПб.: тип. В. Ф. Киршбаума, 1896 – 1917; Материалы по статистике хлебной торговли. СПб.: тип. В. Ф. Киршбаума, 1899。

附表6　对小麦价格偶然波动不存在线性关系的假设进行验证的某些首数

序号	不对称	过量	自相关系数
1	0.02	-0.51	0.5369
2	0.06	-0.19	0.5966
3	-0.06	-0.11	0.5939
4	-0.09	-0.34	0.5859
5	0.03	-0.40	0.5768
6	-0.17	-0.62	0.6273
7	0.30	-0.33	0.5703
8	-0.16	-0.70	0.5748
9	0.27	-0.62	0.5086
10	-0.02	-0.61	0.5948
11	0.20	-0.74	0.5320
12	0.31	-0.70	0.5396
13	0.54	-0.41	0.5569
14	0.21	0.11	0.5355
15	0.50	-0.30	0.4864
16	0.32	-0.24	0.5199
17	0.30	-0.38	0.6101
18	0.60	-0.04	0.5312
19	1.07	0.59	0.4678
20	0.98	0.33	0.4566
21	-0.24	-0.45	0.5567
22	-0.04	-0.34	0.5567
23	-0.11	-0.44	0.5679
24	0.24	-0.54	0.4765
25	0.24	-0.47	0.4666

注：序号与附表5一致。

附表 7　对小麦价格偶然波动不存在线性关系的假设进行验证的参数
（右上角是 t 值，左下角是 n' 值）

序号	1	2	3	4	5	6	7	8	9	10	11	12	13
1	14	9.55	7.30	6.64	10.77	7.32	9.83	7.66	7.41	4.94	6.38	9.28	7.94
2	13	13	14.51	5.77	13.54	5.66	9.92	5.41	4.41	3.28	4.04	5.57	5.22
3	13	13	13	6.66	13.39	5.40	9.26	5.42	4.13	3.12	3.71	5.31	4.94
4	14	13	13	13	8.28	11.71	7.34	9.67	5.79	4.75	5.46	8.09	6.93
5	14	13	13	13	14	9.06	4.87	8.94	6.01	4.39	5.44	7.45	6.75
6	13	12	12	13	13	12	7.85	17.34	7.59	6.37	7.64	8.86	7.88
7	14	13	13	13	14	13	14	8.86	6.20	4.55	5.85	8.38	7.52
8	14	13	13	13	14	13	14	14	8.37	7.07	8.63	9.52	8.06
9	15	14	14	15	14	15	15	16		12.46	23.68	12.6	12.88
10	13	13	13	13	12	13	13	14	13		13.45	7.84	8.30
11	14	14	14	14	14	14	14	14	15	15		11.77	12.41
12	14	14	14	14	14	13	14	14	15	14	15		22.11
13	14	14	14	14	14	14	14	14	14	14	15	14	14
14	14	14	14	14	14	14	14	14	14	14	15	14	15
15	15	15	15	15	14	15	15	16	15	16	16	16	15
16	15	14	14	14	14	15	14	15	14	16	15	15	15
17	13	13	13	13	12	13	13	14	13	14	14	14	13
18	14	14	14	14	14	14	14	15	14	15	15	15	15
19	16	15	15	15	15	15	15	16	16	16	16	16	16
20	14	14	14	14	13	14	14	15	14	15	14	14	14
21	14	14	14	14	14	14	14	15	14	15	14	14	14
22	14	14	14	14	14	14	14	15	14	15	14	14	14
23	14	13	13	14	14	14	14	13	14	14	14	14	14
24	15	15	15	15	14	15	15	16	15	16	16	16	16
25	16	15	15	15	15	15	15	16	15	16	16	16	16

序号	14	15	16	17	18	19	20	21	22	23	24	25
1	8.48	11.27	7.52	8.95	6.16	4.45	4.28	6.79	11.90	12.30	4.53	12.19
2	13.37	9.23	8.22	12.26	7.16	5.00	4.86	7.21	14.48	16.89	5.95	12.47
3	12.01	7.60	6.11	8.81	5.05	5.53	5.14	6.15	9.40	13.61	4.93	10.13
4	8.00	6.19	4.12	6.20	3.40	3.69	3.38	4.97	5.72	6.85	2.78	7.20
5	14.60	10.20	7.09	11.04	5.66	4.36	4.25	6.58	10.44	15.54	4.48	11.60
6	7.84	6.67	5.05	6.47	4.19	2.95	2.77	5.68	5.97	6.67	2.91	7.01
7	11.54	8.46	6.18	8.94	4.93	4.51	4.46	5.23	7.75	9.93	3.65	9.85

续表

序号	14	15	16	17	18	19	20	21	22	23	24	25
8	7.27	5.98	4.63	5.96	3.63	3.03	2.93	5.47	5.89	6.74	2.80	6.91
9	5.32	6.92	4.75	4.74	3.95	2.60	2.59	4.05	5.30	5.49	2.30	5.64
10	3.99	4.82	3.26	3.64	2.83	1.77	1.64	3.24	3.95	3.79	1.67	3.96
11	4.92	6.27	4.17	4.51	3.62	2.42	2.32	3.77	4.72	4.58	2.06	5.02
12	6.90	8.46	4.98	6.15	4.26	3.86	3.72	4.39	5.69	6.47	2.60	7.53
13	6.40	8.03	4.79	5.53	4.29	3.01	3.50	3.99	5.43	5.74	2.47	6.66
14	15	9.49	6.28	9.35	5.69	4.44	4.34	6.59	9.55	11.76	4.56	11.99
15	16	16	7.74	8.88	8.05	4.23	4.11	5.43	9.19	9.50	4.51	10.53
16	15	16	15	10.37	14.45	4.39	4.32	7.48	8.74	9.14	6.25	9.23
17	14	15	14	12	7.79	4.86	4.61	6.63	9.73	10.80	4.70	10.77
18	15	16	15	14	15	3.72	3.80	5.90	7.09	6.69	6.13	7.21
19	16	17	16	15	16	17	38.69	4.03	4.39	5.07	3.88	5.59
20	16	17	16	15	16	17	17	3.9	4.19	4.81	3.89	5.40
21	15	15	15	13	15	16	16	14	7.69	8.22	7.07	7.92
22	15	15	15	13	15	16	16	14	14	16.02	6.20	13.71
23	14	15	15	13	14	16	16	14	14	14	5.66	18.48
24	16	17	16	15	16	17	17	16	15	16	17	5.62
25	16	17	16	15	16	17	17	16	16	16	17	17

注：序号与附表5一致。

附表8 黑麦价格

单位：戈比/普特

序号	产地：黑麦的品种	1890年	1891年	1892年	1893年	1894年
1	彼得堡：饱满的黑麦	80.0	111.7	104.5	81.0	62.3
2	雷瓦尔	81.7	110.0	104.0	80.1	61.9
3	里加：未烘干过的黑麦	81.0	109.2	103.2	80.5	60.8
4	利巴瓦：潮湿的黑麦	81.2	107.9	99.6	76.8	57.9
5	敖德萨	74.2	97.5	74.3	64.5	48.8
6	尼古拉耶夫	71.1	96.8	80.4	60.8	47.1
7	新俄罗斯	64.6	91.7	79.0	58.0	42.7
8	塔甘罗格	64.6	94.3	80.3	58.8	41.4
9	顿河畔罗斯托夫	62.1	91.9	80.0	58.3	41.3
10	莫斯科：烘干过的黑麦	83.0	118.8	116.4	82.5	64.0
11	萨马拉	60.3	98.5	93.0	54.5	36.0

续表

序号	产地:黑麦的品种	1890年	1891年	1892年	1893年	1894年
12	萨拉托夫	59.0	98.2	92.9	58.4	39.8
13	叶列茨:饱满的黑麦	58.0	99.8	95.4	63.9	43.7
14	华沙:中等质量黑麦	83.5	107.1	95.4	71.2	51.4
15	柯尼斯堡:优质黑麦	114.2	151.1	127.6	91.3	81.0
16	不来梅:俄国黑麦	91.0	117.0	102.0	80.0	63.0
17	曼海姆:外国黑麦	134.8	165.7	143.1	117.2	98.8
18	布雷斯劳:中等质量黑麦	125.8	154.5	130.1	95.7	84.0
19	布达佩斯	96.4	114.0	103.1	78.8	66.7
20	安特卫普:俄国黑麦	92.3	118.0	100.0	79.8	65.4

序号	产地:黑麦的品种	1895年	1896年	1897年	1898年	1899年
1	彼得堡:饱满的黑麦	59.4	53.8	61.8	79.1	81.4
2	雷瓦尔	59.2	55.4	65.3	78.9	80.5
3	里加:未烘干过的黑麦	57.9	55.8	64.1	79.0	79.3
4	利巴瓦:潮湿的黑麦	57.2	56.5	64.6	80.3	79.6
5	敖德萨	51.7	53.0	59.2	71.8	75.4
6	尼古拉耶夫	50.6	52.3	59.6	71.9	73.9
7	新俄罗斯	44.4	46.0	53.1	68.1	69.7
8	塔甘罗格	46.1	47.0	53.3	66.7	69.8
9	顿河畔罗斯托夫	44.8	45.4	53.0	64.2	67.1
10	莫斯科:烘干过的黑麦	43.4	40.5	51.5	67.1	66.9
11	萨马拉	30.9	27.7	39.0	62.1	59.7
12	萨拉托夫	32.7	29.5	39.6	60.2	59.7
13	叶列茨:饱满的黑麦	39.3	37.4	52.1	64.3	62.3
14	华沙:中等质量黑麦	57.1	58.1	68.6	82.5	73.0
15	柯尼斯堡:优质黑麦	85.2	81.3	89.4	106.4	105.2
16	不来梅:俄国黑麦	66.6	67.7	73.5	88.6	91.4
17	曼海姆:外国黑麦	97.6	100.7	107.0	121.6	121.8
18	布雷斯劳:中等质量黑麦	88.7	90.1	94.2	105.8	103.3
19	布达佩斯	73.5	81.1	95.0	107.5	90.3
20	安特卫普:俄国黑麦	64.6	65.7	75.3	85.2	91.3

序号	产地:黑麦的品种	1900年	1901年	1902年	1903年	1904年
1	彼得堡:饱满的黑麦	63.2	70.4	78.7	75.9	76.6
2	雷瓦尔	71.6	74.9	81.6	78.8	79.5
3	里加:未烘干过的黑麦	71.1	73.3	78.6	76.0	78.6

19世纪末20世纪初欧洲市场体系中的俄国

续表

序号	产地:黑麦的品种	1900年	1901年	1902年	1903年	1904年
4	利巴瓦:潮湿的黑麦	71.2	73.6	79.7	75.0	79.2
5	敖德萨	69.3	66.8	69.2	66.1	69.3
6	尼古拉耶夫	69.0	67.3	70.0	66.9	70.2
7	新俄罗斯	62.6	62.1	65.2	62.1	64.0
8	塔甘罗格	64.1	63.2	66.8	62.9	62.7
9	顿河畔罗斯托夫	61.9	60.7	64.1	62.3	63.4
10	莫斯科:烘干过的黑麦	53.1	59.3	67.7	63.6	73.1
11	萨马拉	44.6	53.1	59.4	55.2	53.2
12	萨拉托夫	47.2	52.2	59.4	55.9	52.6
13	叶列茨:饱满的黑麦	50.7	54.6	59.6	57.4	62.7
14	华沙:中等质量黑麦	69.9	71.9	77.1	71.6	77.7
15	柯尼斯堡:优质黑麦	98.8	89.4	104.3	94.7	99.6
16	不来梅:俄国黑麦	84.8	81.8	83.3	81.2	80.2
17	曼海姆:外国黑麦	117.8	111.9	113.9	111.6	109.7
18	布雷斯劳:中等质量黑麦	106.1	109.1	104.4	93.9	94.6
19	布达佩斯	84.7	91.1	89.0	83.5	90.0
20	安特卫普:俄国黑麦	88.4	79.9	84.4	80.6	77.6
序号	产地:黑麦的品种	1905年	1906年	1907年	1908年	1909年
1	彼得堡:饱满的黑麦	88.1	99.3	112.9	109.3	99.3
2	雷瓦尔	90.4	93.9	116.5	119.8	100.9
3	里加:未烘干过的黑麦	88.0	89.7	119.0	114.9	103.3
4	利巴瓦:潮湿的黑麦	86.8	84.9	115.5	112.5	101.9
5	敖德萨	80.6	76.6	101.3	104.9	95.2
6	尼古拉耶夫	78.8	77.0	102.6	106.1	97.6
7	新俄罗斯	73.0	71.6	92.9	98.8	90.4
8	塔甘罗格	71.6	76.6	94.8	102.0	89.2
9	顿河畔罗斯托夫	73.8	72.9	94.4	100.3	90.9
10	莫斯科:烘干过的黑麦	86.2	87.0	110.2	108.9	97.7
11	萨马拉	62.5	75.1	90.7	87.2	76.1
12	萨拉托夫	67.6	77.7	93.3	94.2	81.3
13	叶列茨:饱满的黑麦	75.3	76.9	101.1	101.0	88.9
14	华沙:中等质量黑麦	78.8	72.6	99.6	101.6	93.4
15	柯尼斯堡:优质黑麦	105.8	113.9	138.9	133.9	127.9
16	不来梅:俄国黑麦	92.7	92.2	114.5	119.1	110.8

续表

序号	产地:黑麦的品种	1905 年	1906 年	1907 年	1908 年	1909 年
17	曼海姆:外国黑麦	120.3	130.7	150.9	147.6	136.1
18	布雷斯劳:中等质量黑麦	105.5	111.4	133.6	132.8	124.8
19	布达佩斯	89.6	82.9	110.0	128.9	128.1
20	安特卫普:俄国黑麦	87.3	85.0	107.1	111.7	105.8

序号	产地:黑麦的品种	1910 年	1911 年	1912 年	1913 年	1914 年
1	彼得堡:饱满的黑麦	87.4	94.7	104.5	91.7	99.9
2	雷瓦尔	96.0	89.5	101.2	95.8	93.5
3	里加:未烘干过的黑麦	88.3	94.8	106.1	94.5	101.5
4	利巴瓦:潮湿的黑麦	79.2	82.1	99.8	93.9	94.5
5	敖德萨	75.0	82.4	90.8	79.4	83.9
6	尼古拉耶夫	76.9	82.7	93.2	81.4	82.0
7	新俄罗斯	71.4	76.7	85.3	76.2	75.1
8	塔甘罗格	73.0	79.2	90.0	78.8	76.0
9	顿河畔罗斯托夫	72.7	82.0	95.1	78.7	79.3
10	莫斯科:烘干过的黑麦	80.2	87.0	97.0	87.0	94.2
11	萨马拉	65.3	72.4	87.0	67.9	73.6
12	萨拉托夫	65.5	80.8	89.6	71.6	67.0
13	叶列茨:饱满的黑麦	70.2	76.3	85.4	75.7	83.9
14	华沙:中等质量黑麦	71.4	79.1	93.3	85.3	87.5
15	柯尼斯堡:优质黑麦	112.4	121.0	134.8	122.4	120.3
16	不来梅:俄国黑麦	92.4	95.3	113.3	99.1	94.6
17	曼海姆:外国黑麦	124.4	135.6	150.1	132.9	128.4
18	布雷斯劳:中等质量黑麦	103.7	114.9	128.8	117.3	116.6
19	布达佩斯	103.4	117.6	129.0	114.0	123.4
20	安特卫普:俄国黑麦	85.8	93.1	108.4	95.1	92.0

资料来源：Свод товарных цен на главных русских и иностранных рынках. Спб.: тип. В. Ф. Киршбаума, 1896 – 1917。

附表 9　大麦价格

单位：戈比/普特

序号	产地:大麦的品种	1890 年	1891 年	1892 年	1893 年	1894 年
1	尼古拉耶夫	61.4	71.6	56.5	47.3	38.0
2	新俄罗斯	59.1	70.4	56.0	46.5	36.0

19世纪末20世纪初欧洲市场体系中的俄国

续表

序号	产地：大麦的品种	1890年	1891年	1892年	1893年	1894年
3	敖德萨：第聂伯河大麦	65.8	73.9	58.5	49.4	39.7
4	顿河畔罗斯托夫：用作饲料的大麦	54.8	68.2	54.3	43.7	32.8
5	萨拉托夫	91.1	98.2	65.9	58.4	42.8
6	塔甘罗格	56.9	69.2	54.1	42.7	32.4
7	布雷斯劳：中等质量大麦	115.1	116.6	112.3	103.5	93.8
8	柯尼斯堡：俄国大麦	75.4	95.2	79.5	65.9	50.5
9	柯尼斯堡	98.6	114.8	104.5	87.5	82.5
10	曼海姆：巴登大麦	148.6	141.6	127.6	134.3	116.2
11	维也纳：斯洛伐克大麦	123.0	121.0	106.9	109.9	111.4
12	布达佩斯：用作饲料的大麦	90.0	86.0	72.8	72.3	74.3
13	安特卫普：敖德萨大麦	88.0	102.9	78.1	65.1	53.6
14	伦敦：黑海大麦	82.5	101.1	85.0	65.1	55.1
15	马赛：南俄大麦	75.0	84.2	78.0	62.8	49.8

序号	产地：大麦的品种	1895年	1896年	1897年	1898年	1899年
1	尼古拉耶夫	46.1	49.8	46.4	56.0	64.7
2	新俄罗斯	43.2	46.7	43.5	53.0	60.0
3	敖德萨：第聂伯河大麦	48.1	51.3	47.3	57.5	65.7
4	顿河畔罗斯托夫：用作饲料的大麦	41.4	43.0	40.9	48.8	57.5
5	萨拉托夫	34.7	37.7	47.6	65.2	63.4
6	塔甘罗格	41.8	44.3	43.0	50.2	59.5
7	布雷斯劳：中等质量大麦	88.1	97.9	98.9	105.5	97.4
8	柯尼斯堡：俄国大麦	57.5	62.2	62.0	73.9	72.6
9	柯尼斯堡	80.7	81.3	82.3	95.5	95.6
10	曼海姆：巴登大麦	119.6	122.6	126.9	139.1	131.7
11	维也纳：斯洛伐克大麦	109.2	106.9	122.8	125.9	110.7
12	布达佩斯：用作饲料的大麦	73.0	58.4	67.5	80.5	77.7
13	安特卫普：敖德萨大麦	60.8	64.3	61.2	73.3	79.5
14	伦敦：黑海大麦	65.1	69.9	63.2	74.6	80.3
15	马赛：南俄大麦	54.7	62.0	60.0	65.9	67.5

序号	产地：大麦的品种	1900年	1901年	1902年	1903年	1904年
1	尼古拉耶夫	66.3	63.0	64.5	59.4	59.0
2	新俄罗斯	62.0	60.3	61.3	56.8	55.0
3	敖德萨：第聂伯河大麦	68.3	64.8	65.3	59.7	58.1

续表

序号	产地:大麦的品种	1900 年	1901 年	1902 年	1903 年	1904 年
4	顿河畔罗斯托夫:用作饲料的大麦	59.7	57.9	58.6	54.2	52.1
5	萨拉托夫	56.5	63.1	63.1	58.5	49.4
6	塔甘罗格	62.1	59.3	59.4	56.0	52.0
7	布雷斯劳:中等质量大麦	98.4	100.5	96.6	97.3	89.3
8	柯尼斯堡:俄国大麦	75.6	73.1	76.0	68.0	72.0
9	柯尼斯堡	95.8	95.1	95.8	88.4	94.0
10	曼海姆:巴登大麦	122.8	126.6	122.1	122.1	116.7
11	维也纳:斯洛伐克大麦	110.3	112.1	107.2	104.2	112.2
12	布达佩斯:用作饲料的大麦	73.6	79.3	74.1	74.1	83.7
13	安特卫普:敖德萨大麦	84.8	77.1	78.3	71.5	66.4
14	伦敦:黑海大麦	85.0	80.0	83.0	76.0	69.0
15	马赛:南俄大麦	76.6	71.3	69.4	67.4	63.2

序号	产地:大麦的品种	1905 年	1906 年	1907 年	1908 年	1909 年
1	尼古拉耶夫	67.7	68.7	87.0	85.8	79.5
2	新俄罗斯	64.5	66.4	84.1	80.2	74.8
3	敖德萨:第聂伯河大麦	68.4	69.9	88.0	85.2	78.3
4	顿河畔罗斯托夫:用作饲料的大麦	61.9	65.1	79.7	79.4	72.6
5	萨拉托夫	59.2	73.5	83.5	81.6	58.4
6	塔甘罗格	61.6	66.3	80.2	79.8	73.2
7	布雷斯劳:中等质量大麦	106.4	116.8	126.4	126.9	127.1
8	柯尼斯堡:俄国大麦	75.6	79.7	98.3	91.9	88.8
9	柯尼斯堡	101.4	105.2	110.5	113.6	110.3
10	曼海姆:巴登大麦	130.9	133.8	146.5	159.3	138.8
11	维也纳:斯洛伐克大麦	116.4	111.0	121.3	123.9	127.1
12	布达佩斯:用作饲料的大麦	89.6	87.1	93.0	96.7	103.9
13	安特卫普:敖德萨大麦	76.4	79.0	96.9	91.5	86.1
14	伦敦:黑海大麦	82.0	84.0	102.1	96.7	91.1
15	马赛:南俄大麦	77.6	77.6	87.0	90.5	87.0

序号	产地:大麦的品种	1910 年	1911 年	1912 年	1913 年	1914 年
1	尼古拉耶夫	68.4	83.6	97.5	83.2	76.2
2	新俄罗斯	64.4	79.6	91.4	78.8	75.3
3	敖德萨:第聂伯河大麦	67.2	83.2	96.9	81.8	72.0
4	顿河畔罗斯托夫:用作饲料的大麦	62.1	77.5	93.1	76.1	68.2
5	萨拉托夫	61.8	77.3	86.8	74.7	70.0

续表

序号	产地：大麦的品种	1910年	1911年	1912年	1913年	1914年
6	塔甘罗格	58.7	71.9	90.2	75.2	68.3
7	布雷斯劳：中等质量大麦	109.4	125.8	136.3	118.0	116.6
8	柯尼斯堡：俄国大麦	78.9	94.5	111.1	94.2	89.6
9	柯尼斯堡	100.8	119.9	132.7	108.2	103.1
10	曼海姆：巴登大麦	127.8	147.3	166.4	138.3	134.4
11	维也纳：斯洛伐克大麦	118.5	134.4	136.7	119.9	119.1
12	布达佩斯：用作饲料的大麦	86.9	110.0	126.2	102.8	94.4
13	安特卫普：敖德萨大麦	77.3	93.8	112.1	93.9	87.5
14	伦敦：黑海大麦	81.5	98.6	120.8	98.5	105.6
15	马赛：南俄大麦	78.1	91.3	106.9	93.3	88.2

资料来源：Свод товарных цен на главных русских и иностранных рынках. СПб.：тип. В. Ф. Киршбаума，1896 – 1917；Материалы по статистике хлебной торговли. СПб.：тип. В. Ф. Киршбаума，1911。

附表10 玉米价格

单位：戈比/普特

序号	产地：玉米的品种	1890年	1891年	1892年	1893年	1894年
1	敖德萨	57.7	74.0	62.6	56.1	48.7
2	新俄罗斯	49.5	63.3	53.6	46.8	44.4
3	布雷斯劳	96.3	111.2	98.0	91.9	80.0
4	利物浦：敖德萨玉米	77.0	103.0	84.9	75.8	69.0
5	利物浦：美国玉米	71.0	100.0	78.8	72.0	73.5
6	阿姆斯特丹	73.8	102.6	79.6	74.3	73.5
7	安特卫普：敖德萨玉米	74.6	99.3	82.0	70.5	66.4
8	伦敦：敖德萨玉米	75.0	100.0	85.0	72.0	70.0
9	热那亚：敖德萨玉米	78.0	90.0	80.0	72.0	65.0

序号	产地：玉米的品种	1895年	1896年	1897年	1898年	1899年
1	敖德萨	55.1	48.6	45.9	51.3	53.8
2	新俄罗斯	51.1	39.9	41.4	44.9	43.7
3	布雷斯劳	90.2	78.4	79.9	84.7	85.7
4	利物浦：敖德萨玉米	76.6	65.9	65.1	68.0	68.4
5	利物浦：美国玉米	68.2	51.5	49.2	59.6	60.2
6	阿姆斯特丹	69.7	53.8	53.3	63.3	63.4

续表

序号	产地:玉米的品种	1895 年	1896 年	1897 年	1898 年	1899 年
7	安特卫普:敖德萨玉米	71.8	62.5	60.6	66.7	66.3
8	伦敦:敖德萨玉米	75.0	66.0	65.0	70.0	70.0
9	热那亚:敖德萨玉米	79.0	69.0	65.0	64.0	64.0

序号	产地:玉米的品种	1900 年	1901 年	1902 年	1903 年	1904 年
1	敖德萨	66.7	64.0	65.2	61.3	69.0
2	新俄罗斯	49.1	59.7	54.5	56.1	56.9
3	布雷斯劳	97.4	92.3	94.9	92.9	95.9
4	利物浦:敖德萨玉米	88.6	89.0	84.6	85.9	82.9
5	利物浦:美国玉米	68.8	76.7	95.3	77.6	76.6
6	阿姆斯特丹	71.4	78.5	93.4	79.9	78.3
7	安特卫普:敖德萨玉米	81.1	78.4	79.5	78.2	79.7
8	伦敦:敖德萨玉米	87.0	83.0	83.0	80.0	79.0
9	热那亚:敖德萨玉米	69.0	71.0	75.0	73.0	73.0

序号	产地:玉米的品种	1905 年	1906 年	1907 年	1908 年	1909 年
1	敖德萨	84.3	62.2	72.6	83.5	82.5
2	新俄罗斯	64.0	64.7	68.7	77.5	75.0
3	布雷斯劳	96.6	104.9	111.5	124.9	120.6
4	利物浦:敖德萨玉米	109.2	79.0	89.3	99.3	94.1
5	利物浦:美国玉米	80.0	77.1	89.0	107.3	104.9
6	阿姆斯特丹	82.1	75.3	88.1	103.0	98.3
7	安特卫普:敖德萨玉米	93.8	76.0	83.3	91.2	90.1
8	伦敦:敖德萨玉米	100.0	81.0	86.0	98.0	95.0
9	热那亚:敖德萨玉米	83.0	78.0	82.0	92.0	94.0

序号	产地:玉米的品种	1910 年	1911 年	1912 年	1913 年	1914 年
1	敖德萨	71.4	73.0	75.3	69.8	71.8
2	新俄罗斯	68.5	68.6	74.8	70.2	73.2
3	布雷斯劳	117.1	117.0	128.6	117.3	116.9
4	利物浦:敖德萨玉米	91.2	91.9	102.0	96.3	96.8
5	利物浦:美国玉米	94.2	91.4	113.5	108.0	115.5
6	阿姆斯特丹	86.1	90.6	108.3	92.5	97.7
7	安特卫普:敖德萨玉米	82.8	87.0	95.4	85.6	84.4
8	伦敦:敖德萨玉米	89.0	91.0	100.1	88.0	103.0
9	热那亚:敖德萨玉米	90.0	89.0	96.0	83.0	82.0

资料来源：Свод товарных цен на главных русских и иностранных рынках. СПб.: тип. В. Ф. Киршбаума, 1896 – 1917; Материалы по статистике хлебной торговли. СПб.: тип. В. Ф. Киршбаума, 1911.

附表11 燕麦价格

单位：戈比/普特

序号	产地:燕麦的品种	1890年	1891年	1892年	1893年	1894年
1	彼得堡:普通燕麦	75.7	77.5	79.3	76.1	60.4
2	雷瓦尔:普通燕麦	73.8	74.0	76.0	73.2	56.5
3	利巴瓦:白色燕麦	83.6	84.0	82.0	84.0	70.6
4	利巴瓦:黑色燕麦	73.7	71.9	73.1	78.2	65.2
5	里加:未烘干燕麦	78.9	81.1	81.5	77.5	63.6
6	敖德萨	60.0	75.0	80.0	72.9	56.4
7	新俄罗斯	57.0	64.7	69.0	62.3	45.7
8	顿河畔罗斯托夫	64.3	73.3	76.8	67.5	44.3
9	莫斯科:烘干燕麦	65.3	68.4	72.7	66.6	49.7
10	莫斯科:串种燕麦	70.0	72.6	76.6	69.5	54.1
11	萨拉托夫:俄国燕麦	59.2	69.7	66.4	57.0	39.6
12	萨拉托夫:串种燕麦	63.0	74.3	72.1	60.6	43.7
13	叶列茨:普通燕麦	50.8	57.4	58.8	53.3	32.6
14	叶列茨:经济燕麦	54.9	61.5	64.7	58.8	39.1
15	华沙:中等质量燕麦	83.3	83.9	81.7	83.0	65.2
16	柯尼斯堡:俄国燕麦	78.6	85.4	79.0	69.4	59.0
17	柯尼斯堡:优质燕麦	106.3	115.1	104.8	106.3	91.0
18	但泽:当地燕麦	109.6	109.6	107.0	109.2	92.6
19	曼海姆	129.5	121.8	110.7	126.7	108.1
20	维也纳	105.0	93.0	80.3	87.2	86.4
21	布达佩斯	99.4	87.3	75.8	82.6	81.9
22	安特卫普:俄国燕麦	94.7	100.0	95.0	91.8	75.5
23	伦敦	103.1	110.1	104.6	96.3	77.9
24	热那亚:敖德萨燕麦	88.3	90.5	84.5	78.8	72.8
25	纽约	84.9	99.9	79.7	78.2	81.1

序号	产地:燕麦的品种	1895年	1896年	1897年	1898年	1899年
1	彼得堡:普通燕麦	55.3	53.3	56.6	71.9	69.7
2	雷瓦尔:普通燕麦	51.5	56.6	64.9	77.8	68.8
3	利巴瓦:白色燕麦	65.1	66.5	76.9	84.4	76.5
4	利巴瓦:黑色燕麦	53.2	57.0	65.3	75.2	69.4
5	里加:未烘干燕麦	58.5	61.3	70.2	81.3	72.3
6	敖德萨	57.1	57.4	64.7	76.8	71.2
7	新俄罗斯	44.6	46.1	56.0	63.9	56.8

续表

序号	产地:燕麦的品种	1895年	1896年	1897年	1898年	1899年
8	顿河畔罗斯托夫	41.6	46.4	55.8	69.2	63.3
9	莫斯科:烘干燕麦	37.6	43.6	56.3	73.7	59.4
10	莫斯科:串种燕麦	50.5	52.0	68.2	85.3	78.0
11	萨拉托夫:俄国燕麦	32.9	34.5	46.5	68.3	53.8
12	萨拉托夫:串种燕麦	37.5	38.5	49.2	71.4	59.2
13	叶列茨:普通燕麦	31.4	35.7	48.3	64.0	46.5
14	叶列茨:经济燕麦	36.7	39.8	52.2	72.4	57.6
15	华沙:中等质量燕麦	62.6	67.1	76.7	88.3	80.2
16	柯尼斯堡:俄国燕麦	56.3	61.3	69.9	77.4	68.1
17	柯尼斯堡:优质燕麦	82.2	86.6	97.9	102.8	96.1
18	但泽:当地燕麦	82.5	86.1	97.4	104.6	95.1
19	曼海姆	98.2	104.6	106.6	116.4	116.7
20	维也纳	85.7	84.9	85.4	90.5	78.5
21	布达佩斯	80.3	78.1	79.6	85.1	72.8
22	安特卫普:俄国燕麦	69.4	72.4	78.8	89.0	86.5
23	伦敦	7.5	74.3	79.8	92.4	87.2
24	热那亚:敖德萨燕麦	68.0	68.0	71.4	81.4	77.4
25	纽约	62.4	51.0	50.7	65.5	66.9

序号	产地:燕麦的品种	1900年	1901年	1902年	1903年	1904年
1	彼得堡:普通燕麦	53.2	76.3	93.6	63.9	75.3
2	雷瓦尔:普通燕麦	59.5	76.9	83.9	68.9	71.8
3	利巴瓦:白色燕麦	63.3	83.4	89.9	75.4	73.9
4	利巴瓦:黑色燕麦	65.8	80.0	81.8	64.1	67.6
5	里加:未烘干燕麦	59.8	73.6	83.4	65.9	71.4
6	敖德萨	67.2	72.3	78.4	64.1	63.7
7	新俄罗斯	53.3	64.6	71.5	56.3	54.5
8	顿河畔罗斯托夫	56.2	67.0	75.4	56.5	59.0
9	莫斯科:烘干燕麦	45.4	63.7	69.9	53.8	69.9
10	莫斯科:串种燕麦	62.9	74.0	75.3	73.4	66.1
11	萨拉托夫:俄国燕麦	41.6	60.1	64.4	52.8	51.7
12	萨拉托夫:串种燕麦	43.8	63.9	71.4	58.7	59.0
13	叶列茨:普通燕麦	40.1	57.2	61.5	44.7	49.6
14	叶列茨:经济燕麦	47.6	63.7	68.3	52.5	57.5
15	华沙:中等质量燕麦	72.9	83.2	90.3	77.2	80.8

19世纪末20世纪初欧洲市场体系中的俄国

续表

序号	产地:燕麦的品种	1900 年	1901 年	1902 年	1903 年	1904 年
16	柯尼斯堡:俄国燕麦	68.0	78.4	83.9	68.3	69.8
17	柯尼斯堡:优质燕麦	91.2	99.6	107.7	88.9	96.5
18	但泽:当地燕麦	93.7	101.8	110.8	94.0	97.8
19	曼海姆	112.1	112.0	122.6	110.4	106.1
20	维也纳	74.6	95.2	95.5	81.7	87.3
21	布达佩斯	68.2	87.9	88.9	76.8	82.1
22	安特卫普:俄国燕麦	79.9	87.7	97.6	74.0	78.5
23	伦敦	82.0	91.2	102.7	85.5	81.7
24	热那亚:敖德萨燕麦	69.7	79.4	86.5	69.9	76.3
25	纽约	59.7	81.8	97.9	90.6	91.5

序号	产地:燕麦的品种	1905 年	1906 年	1907 年	1908 年	1909 年
1	彼得堡:普通燕麦	72.0	81.0	98.2	81.3	84.5
2	雷瓦尔:普通燕麦	71.9	80.2	98.7	88.1	86.1
3	利巴瓦:白色燕麦	78.2	82.4	91.3	83.5	85.4
4	利巴瓦:黑色燕麦	76.9	82.4	86.8	76.4	81.9
5	里加:未烘干燕麦	74.2	78.2	97.9	84.8	82.7
6	敖德萨	73.2	78.8	89.7	79.5	83.5
7	新俄罗斯	62.6	64.6	81.4	67.9	70.5
8	顿河畔罗斯托夫	69.5	74.3	93.1	86.0	79.1
9	莫斯科:烘干燕麦	70.2	79.8	101.0	79.5	79.6
10	莫斯科:串种燕麦	65.4	73.5	93.4	75.9	77.2
11	萨拉托夫:俄国燕麦	53.7	66.8	88.0	66.5	63.2
12	萨拉托夫:串种燕麦	59.7	74.0	95.5	75.6	69.1
13	叶列茨:普通燕麦	51.8	58.1	79.2	60.9	60.7
14	叶列茨:经济燕麦	58.5	63.4	91.1	70.4	68.6
15	华沙:中等质量燕麦	79.1	83.1	99.6	90.5	92.4
16	柯尼斯堡:俄国燕麦	73.5	77.2	84.9	76.8	81.3
17	柯尼斯堡:优质燕麦	100.6	116.7	126.5	113.5	124.6
18	但泽:当地燕麦	103.0	118.3	130.4	118.5	127.9
19	曼海姆	117.4	130.8	148.3	137.1	138.2
20	维也纳	94.8	106.6	108.9	110.8	118.7
21	布达佩斯	89.7	100.9	103.5	106.0	111.6
22	安特卫普:俄国燕麦	80.8	86.7	96.1	86.3	89.2
23	伦敦	78.3	82.0	103.7	92.6	93.0

续表

序号	产地:燕麦的品种	1905 年	1906 年	1907 年	1908 年	1909 年
24	热那亚:敖德萨燕麦	81.0	84.0	92.1	83.3	84.3
25	纽约	76.7	82.7	111.4	120.2	117.0

序号	产地:燕麦的品种	1910 年	1911 年	1912 年	1913 年	1914 年
1	彼得堡:普通燕麦	59.1	87.1	105.1	86.3	96.7
2	雷瓦尔:普通燕麦	74.8	86.7	105.6	89.0	86.6
3	利巴瓦:白色燕麦	73.5	84.8	101.0	86.0	84.2
4	利巴瓦:黑色燕麦	75.1	85.3	94.6	85.8	86.3
5	里加:未烘干燕麦	68.6	82.2	102.6	89.6	85.6
6	敖德萨	70.1	76.2	98.7	85.1	84.4
7	新俄罗斯	60.4	68.4	83.8	68.5	68.2
8	顿河畔罗斯托夫	68.4	89.3	102.3	85.9	89.6
9	莫斯科:烘干燕麦	63.6	77.4	97.8	83.5	94.1
10	莫斯科:串种燕麦	61.4	72.8	91.4	77.5	89.3
11	萨拉托夫:俄国燕麦	50.4	67.8	81.2	64.9	69.8
12	萨拉托夫:串种燕麦	56.0	75.2	95.6	76.7	77.0
13	叶列茨:普通燕麦	47.1	59.0	77.3	60.6	68.6
14	叶列茨:经济燕麦	52.8	65.7	83.5	68.7	77.6
15	华沙:中等质量燕麦	81.5	90.7	107.1	94.8	92.4
16	柯尼斯堡:俄国燕麦	69.6	80.9	96.4	76.4	79.5
17	柯尼斯堡:优质燕麦	110.4	121.3	135.0	112.6	11.8
18	但泽:当地燕麦	115.1	125.3	138.9	119.9	117.5
19	曼海姆	125.9	135.7	152.7	138.9	135.0
20	维也纳	107.4	126.2	141.3	122.4	107.3
21	布达佩斯	101.5	121.8	138.0	121.7	104.3
22	安特卫普:俄国燕麦	78.5	89.5	106.1	90.3	87.6
23	伦敦	83.5	94.3	116.7	98.0	124.1
24	热那亚:敖德萨燕麦	78.6	86.1	101.6	87.9	107.1
25	纽约	99.6	100.9	113.6	98.2	100.3

资料来源:Свод товарных цен на главных русских и иностранных рынках. СПб.: тип. В. Ф. Киршбаума, 1896 – 1917。

附表 12　煤油价格

单位：戈比/普特

序号	产地:煤油的品种	1890年	1891年	1892年	1893年	1894年
1	巴库：船舶运输煤油	20.7	10.3	7.3	6.6	5.6
2	巴库：火车运输煤油	20.7	10.3	7.3	6.6	7.9
3	察里津：罐装煤油	88.5	69.6	64.0	79.8	75.9
4	萨拉托夫：桶装煤油	115.7	100.3	94.6	109.0	108.6
5	萨拉托夫：罐装煤油、桶装煤油	91.0	73.3	68.1	84.2	79.8
6	萨拉托夫：罐装煤油、火车运输煤油	91.0	73.3	68.1	84.2	77.3
7	下诺夫哥罗德：罐装煤油	91.7	75.1	69.1	89.6	83.4
8	莫斯科：罐装煤油	105.0	89.1	87.5	107.7	101.6
9	莫斯科：桶装煤油	130.7	114.2	110.2	136.6	130.1
10	彼得堡：诺贝尔兄弟公司煤油	163.3	143.2	140.9	169.4	168.9
11	华沙	126.3	118.2	112.6	142.9	135.6
12	伦敦：俄国煤油	92.5	81.2	75.6	65.9	59.5
13	伦敦：美国煤油	99.3	91.2	78.3	71.9	69.8
14	纽约	77.5	71.8	67.0	55.2	55.1

序号	产地:煤油的品种	1895年	1896年	1897年	1898年	1899年
1	巴库：船舶运输煤油	13.9	13.3	12.0	14.0	23.5
2	巴库：火车运输煤油	17.7	24.3	11.3	15.4	27.5
3	察里津：罐装煤油	86.0	88.3	84.7	83.0	88.8
4	萨拉托夫：桶装煤油	115.5	118.3	114.2	113.7	118.1
5	萨拉托夫：罐装煤油、桶装煤油	88.6	93.1	88.8	88.2	92.7
6	萨拉托夫：罐装煤油、火车运输煤油	86.3	89.9	86.2	84.5	89.5
7	下诺夫哥罗德：罐装煤油	92.8	99.3	96.9	92.9	96.4
8	莫斯科：罐装煤油	109.3	117.2	117.6	115.6	122.4
9	莫斯科：桶装煤油	140.3	144.8	144.8	144.4	150.7
10	彼得堡：诺贝尔兄弟公司煤油	138.1	128.8	132.2	125.6	138.6
11	华沙	138.0	144.6	140.9	140.3	141.7
12	伦敦：俄国煤油	91.7	90.5	75.2	81.1	92.5
13	伦敦：美国煤油	106.6	99.4	84.9	90.8	111.3
14	纽约	79.6	73.4	62.3	67.4	84.6

序号	产地:煤油的品种	1900年	1901年	1902年	1903年	1904年
1	巴库：船舶运输煤油	22.6	9.0	8.3	12.6	20.4
2	巴库：火车运输煤油	31.5	12.1	9.4	17.3	25.4

续表

序号	产地:煤油的品种	1900年	1901年	1902年	1903年	1904年
3	察里津:罐装煤油	98.8	82.5	76.1	86.1	94.0
4	萨拉托夫:桶装煤油	134.1	126.8	115.6	114.8	123.2
5	萨拉托夫:罐装煤油、桶装煤油	108.7	95.5	90.8	91.1	97.7
6	萨拉托夫:罐装煤油、火车运输煤油	100.0	83.6	77.5	87.7	95.8
7	下诺夫哥罗德:罐装煤油	116.1	92.1	84.5	93.8	103.5
8	莫斯科:罐装煤油	133.2	116.6	106.4	115.2	127.2
9	莫斯科:桶装煤油	161.9	141.7	132.5	141.2	152.8
10	彼得堡:诺贝尔兄弟公司煤油	155.3	142.9	122.6	132.2	131.9
11	华沙	150.6	139.6	138.3	140.3	145.6
12	伦敦:俄国煤油	108.3	102.8	95.9	83.3	93.8
13	伦敦:美国煤油	120.6	115.1	111.7	109.6	110.4
14	纽约	89.3	79.1	78.6	91.8	86.2

序号	产地:煤油的品种	1905年	1906年	1907年	1908年	1909年
1	巴库:船舶运输煤油	21.9	28.6	35.7	27.5	28.3
2	巴库:火车运输煤油	21.5	28.7	33.5	26.9	28.8
3	察里津:罐装煤油	100.4	96.9	117.2	104.3	112.6
4	萨拉托夫:桶装煤油	130.7	121.8	147.8	144.2	147.5
5	萨拉托夫:罐装煤油、桶装煤油	106.4	98.0	119.6	119.0	122.4
6	萨拉托夫:罐装煤油、火车运输煤油	101.2	95.3	115.1	105.4	110.8
7	下诺夫哥罗德:罐装煤油	105.2	109.0	121.3	110.4	117.8
8	莫斯科:罐装煤油	129.5	125.6	138.6	134.8	131.8
9	莫斯科:桶装煤油	160.2	155.6	166.4	164.7	158.6
10	彼得堡:诺贝尔兄弟公司煤油	134.7	143.5	155.1	154.1	149.9
11	华沙	166.7	160.0	158.9	159.2	160.3
12	伦敦:俄国煤油	91.5	100.2	108.0	106.1	102.9
13	伦敦:美国煤油	103.5	111.5	121.5	119.7	114.3
14	纽约	76.4	80.5	86.7	91.6	89.6

序号	产地:煤油的品种	1910年	1911年	1912年	1913年	1914年
1	巴库:船舶运输煤油	19.0	28.6	41.6	56.8	47.9
2	巴库:火车运输煤油	20.1	29.1	42.1	57.3	48.4
3	察里津:罐装煤油	92.2	103.4	131.3	134.7	126.2
4	萨拉托夫:桶装煤油	128.8	136.0	156.4	173.1	165.4
5	萨拉托夫:罐装煤油、桶装煤油	102.1	112.6	132.0	146.4	135.7
6	萨拉托夫:罐装煤油、火车运输煤油	92.2	106.4	124.6	134.7	126.2

19世纪末20世纪初欧洲市场体系中的俄国

续表

序号	产地:煤油的品种	1910年	1911年	1912年	1913年	1914年
7	下诺夫哥罗德:罐装煤油	101.6	112.7	139.9	148.1	148.8
8	莫斯科:罐装煤油	118.9	127.7	156.4	160.6	150.1
9	莫斯科:桶装煤油	145.7	156.2	186.4	190.2	180.2
10	彼得堡:诺贝尔兄弟公司煤油	137.0	149.0	167.3	168.3	161.7
11	华沙	148.9	156.0	174.8	190.2	163.4
12	伦敦:俄国煤油	96.0	91.9	138.2	146.6	133.8
13	伦敦:美国煤油	106.5	96.7	147.1	151.4	136.0
14	纽约	81.0	77.4	87.6	90.4	32.4

资料来源：Свод товарных цен на главных русских и иностранных рынках. СПб.：Тип. В. Ф. Киршбаума，1896 – 1917。

附表13　煤炭价格

单位：戈比/普特

序号	产地:煤炭的品种	1890年	1891年	1892年	1893年	1894年
1	彼得堡:加的夫煤	19.7	19.0	18.4	18.1	18.6
2	彼得堡:纽卡斯尔煤	17.4	16.6	16.1	15.8	16.0
3	彼得堡:苏格兰煤	17.3	16.4	15.9	15.2	16.1
4	彼得堡:约克郡煤	18.0	17.2	16.7	16.0	16.5
5	彼得堡:锻造用煤	18.0	17.3	16.8	16.5	16.7
6	顿河畔罗斯托夫:无烟煤	13.7	13.1	19.8	16.8	16.6
7	顿河畔罗斯托夫:烟煤	11.7	11.0	10.9	14.6	14.3
8	但泽:英国煤	14.9	11.1	12.6	11.0	11.2
9	但泽:苏格兰煤、机械用煤	12.3	13.4	9.9	9.8	10.7
10	汉堡:英国煤	13.9	13.0	11.5	11.5	11.5
11	埃森:长焰煤	9.4	8.3	7.4	5.8	6.6
12	埃森:肥煤	8.1	7.5	6.4	5.5	6.1
13	伦敦:优质煤	14.2	14.1	13.6	14.2	12.2
14	布雷斯劳:下西里西亚煤	10.2	9.7	9.6	9.6	9.6
15	布雷斯劳:上西里西亚煤	7.2	7.0	6.9	6.8	6.8
序号	产地:煤炭的品种	1895年	1896年	1897年	1898年	1899年
1	彼得堡:加的夫煤	17.2	16.3	16.5	22.1	26.1
2	彼得堡:纽卡斯尔煤	14.8	12.9	13.6	17.2	21.0
3	彼得堡:苏格兰煤	14.6	12.7	12.7	16.1	20.0

续表

序号	产地:煤炭的品种	1895年	1896年	1897年	1898年	1899年
4	彼得堡:约克郡煤	15.0	13.9	14.2	17.4	21.1
5	彼得堡:锻造用煤	15.3	15.0	14.5	16.5	20.7
6	顿河畔罗斯托夫:无烟煤	14.4	13.7	14.0	13.8	15.6
7	顿河畔罗斯托夫:烟煤	12.8	12.0	11.9	12.4	15.7
8	但泽:英国煤	10.1	10.2	11.1	12.6	14.4
9	但泽:苏格兰煤、机械用煤	9.1	8.9	9.5	11.5	12.9
10	汉堡:英国煤	10.2	9.6	9.9	11.1	12.0
11	埃森:长焰煤	6.1	6.1	6.5	6.7	6.9
12	埃森:肥煤	6.1	6.3	6.7	6.9	7.1
13	伦敦:优质煤	11.1	10.9	11.7	12.4	13.6
14	布雷斯劳:下西里西亚煤	9.6	9.6	9.7	9.9	10.4
15	布雷斯劳:上西里西亚煤	6.8	6.7	6.6	6.9	7.4

序号	产地:煤炭的品种	1900年	1901年	1902年	1903年	1904年
1	彼得堡:加的夫煤	31.7	24.9	21.6	21.1	20.5
2	彼得堡:纽卡斯尔煤	25.9	19.7	17.4	17.1	16.5
3	彼得堡:苏格兰煤	25.2	18.4	15.9	16.4	16.0
4	彼得堡:约克郡煤	27.1	20.3	17.7	17.4	17.0
5	彼得堡:锻造用煤	26.8	20.4	18.3	18.6	18.0
6	顿河畔罗斯托夫:无烟煤	21.5	18.1	14.2	13.9	13.9
7	顿河畔罗斯托夫:烟煤	18.5	14.9	13.0	12.9	12.7
8	但泽:英国煤	20.4	16.7	15.6	15.0	14.7
9	但泽:苏格兰煤、机械用煤	17.4	12.4	11.4	11.3	10.7
10	汉堡:英国煤	17.0	13.3	12.7	12.1	11.5
11	埃森:长焰煤	7.6	7.7	7.4	7.2	7.1
12	埃森:肥煤	7.8	7.8	7.3	7.1	7.1
13	伦敦:优质煤	16.8	14.5	13.8	12.3	11.6
14	布雷斯劳:下西里西亚煤	12.9	13.5	12.5	11.4	11.4
15	布雷斯劳:上西里西亚煤	8.4	8.9	8.9	8.7	8.5

序号	产地:煤炭的品种	1905年	1906年	1907年	1908年	1909年
1	彼得堡:加的夫煤	20.9	22.8	24.1	22.4	23.7
2	彼得堡:纽卡斯尔煤	16.9	18.8	20.0	19.0	19.3
3	彼得堡:苏格兰煤	16.3	17.8	18.4	16.7	17.5
4	彼得堡:约克郡煤	17.4	18.7	21.1	19.4	19.8
5	彼得堡:锻造用煤	18.3	19.8	21.5	20.5	21.2

续表

序号	产地:煤炭的品种	1905年	1906年	1907年	1908年	1909年
6	顿河畔罗斯托夫:无烟煤	15.3	16.2	16.8	20.2	20.0
7	顿河畔罗斯托夫:烟煤	13.1	14.2	15.4	15.8	15.6
8	但泽:英国煤	14.3	15.0	17.2	17.3	16.0
9	但泽:苏格兰煤、机械用煤	10.6	12.4	15.0	14.2	12.2
10	汉堡:英国煤	11.4	11.7	14.3	12.9	11.5
11	埃森:长焰煤	7.2	7.8	8.4	8.5	8.2
12	埃森:肥煤	7.2	7.8	8.4	8.5	8.2
13	伦敦:优质煤	12.3	12.1	15.0	13.9	13.4
14	布雷斯劳:下西里西亚煤	11.7	12.0	12.8	14.2	13.8
15	布雷斯劳:上西里西亚煤	8.4	8.4	9.1	10.9	10.7

序号	产地:煤炭的品种	1910年	1911年	1912年	1913年	1914年
1	彼得堡:加的夫煤	25.4	26.3	31.0	31.4	38.2
2	彼得堡:纽卡斯尔煤	19.8	19.8	25.6	26.1	25.5
3	彼得堡:苏格兰煤	18.1	18.5	24.9	26.1	25.5
4	彼得堡:约克郡煤	20.1	20.3	26.2	27.1	26.5
5	彼得堡:锻造用煤	21.2	22.3	25.7	27.6	37.0
6	顿河畔罗斯托夫:无烟煤	17.7	17.6	18.0	25.1	26.7
7	顿河畔罗斯托夫:烟煤	15.5	16.0	18.3	23.8	21.6
8	但泽:英国煤	16.7	16.0	17.9	19.7	18.2
9	但泽:苏格兰煤、机械用煤	12.1	11.9	13.6	15.8	13.6
10	汉堡:英国煤	11.4	11.6	14.7	13.7	13.4
11	埃森:长焰煤	8.1	8.0	8.4	9.1	8.7
12	埃森:肥煤	8.1	8.1	8.4	9.3	9.1
13	伦敦:优质煤	13.8	13.7	18.2	16.4	15.8
14	布雷斯劳:下西里西亚煤	13.7	13.6	13.9	14.2	14.4
15	布雷斯劳:上西里西亚煤	10.4	10.4	11.1	11.2	11.4

资料来源：Свод товарных цен на главных русских и иностранных рынках. СПб.：Тип. В. Ф. Киршбаума，1896 – 1917。

图书在版编目(CIP)数据

19世纪末20世纪初欧洲市场体系中的俄国：数量分析的经验／（俄罗斯）特·弗·伊兹麦斯捷耶娃著；张广翔译．－－北京：社会科学文献出版社，2019.8
（俄国史译丛）
ISBN 978－7－5201－4711－8

Ⅰ．①1… Ⅱ．①特… ②张… Ⅲ．①对外贸易－贸易史－研究－俄罗斯－近代 Ⅳ．①F735.129

中国版本图书馆CIP数据核字（2019）第068855号

·俄国史译丛·
19世纪末20世纪初欧洲市场体系中的俄国
—— 数量分析的经验

著　　者／［俄］特·弗·伊兹麦斯捷耶娃
译　　者／张广翔

出 版 人／谢寿光
组稿编辑／恽　薇　高　雁
责任编辑／冯咏梅

出　　版／社会科学文献出版社·经济与管理分社（010）59367226
　　　　　地址：北京市北三环中路甲29号院华龙大厦 邮编：100029
　　　　　网址：www.ssap.com.cn
发　　行／市场营销中心（010）59367081　59367083
印　　装／三河市东方印刷有限公司

规　　格／开　本：787mm×1092mm　1/16
　　　　　印　张：12.5　字　数：148千字
版　　次／2019年8月第1版　2019年8月第1次印刷
书　　号／ISBN 978－7－5201－4711－8
著作权合同
登 记 号／图字01－2019－4592号
定　　价／138.00元

本书如有印装质量问题，请与读者服务中心（010－59367028）联系

▲ 版权所有 翻印必究